NOUS ÉTIONS SI HEUREUX...

ANDRÉ BONIFACE

NOUS ÉTIONS SI HEUREUX...

Mémoires

Préface de Jean Glavany

LA TABLE RONDE
14, rue Séguier, Paris 6e

ISBN 2-7103-2853-4

Sommaire

Préface

J'ai connu André Boniface il y a une quarantaine d'années, à la fin des années soixante-dix à Mont-de-Marsan. C'était juste après la mort de son frère Guy, et André venait de reprendre la responsabilité de l'entraînement de l'équipe de rugby du Stade Montois où, autour de vieux briscards – Benoît Dauga, Félix Martinez –, venaient éclore de jeunes pousses pleines d'enthousiasme et de talent : Patrick Nadal, Jean Jouglen, Michel Gardera, Pierre Castaignède (le père de Thomas). J'avais vingt ans, leur âge, et je jouais au rugby depuis quelques années déjà à un niveau plus modeste mais avec autant de passion. Cette passion m'avait déjà permis d'admirer – que dis-je ? de vénérer – André et Guy comme des mythes du rugby français et, comme tous les gosses de l'époque, je rêvais de leurs passes croisées, de leurs percées monumentales, de leurs cadrages-débordements. J'étais étudiant à Paris, mais mon père, pilote de chasse, venait d'être muté sur la base aérienne de Mont-de-Marsan et j'étais amoureux d'une jeune femme qui habitait Mugron, en Chalosse. Pour toutes ces raisons, j'ai pris l'habitude de descendre souvent, très souvent dans les Landes que je découvrais… et que je n'ai plus quittées.

André, connaissant ma passion pour le rugby, me dit alors : « Puisque tu es là toutes les semaines, viens donc t'entraîner avec nous. » Imaginez avec quel enthousiasme j'acceptai la proposition.

Ainsi naquit notre amitié.

André est d'abord un rugbyman au sens plein du terme. C'est-à-dire qu'il respire le rugby par tous les pores de sa peau et qu'il a vécu sa carrière de rugbyman dans la rigueur… professionnelle. À l'heure où trop de dirigeants et joueurs du monde du rugby croient que le professionnalisme se résume à la signature d'un contrat et la signature d'un chèque, André l'amateur fut de ceux qui ont montré la voie de l'état d'esprit professionnel. Entraînement quotidien ? Il s'y soumettait déjà dans les années cinquante, ne fût-ce que par de longues courses dans la forêt avec son frère Guy, même la nuit. La musculation ? Pareil. Seulement, fi des appareils de torture : pour lui, c'était des centaines d'abdos chaque jour, les pompes et les tractions sur la main-courante du stade. La diététique ? Idem. Lui n'a pas mangé de viande rouge pendant vingt-cinq ans de sa vie – pour « éviter les claquages », disait-il – et je ne l'ai vu boire le premier armagnac de sa vie que pour ses cinquante ans ! Bref, une discipline de vie qui explique assez aisément pourquoi et comment aujourd'hui, à soixante-douze ans, il a encore un corps d'athlète que bien des quadragénaires lui envieraient !

Mais André, c'est aussi un homme déchiré. Déchiré par la mort de Guy dans ce satané virage du côté d'Hagetmau le soir du réveillon de 1968. Ce frère cadet qui était à la fois son petit frère, son jumeau et son fils, sur lequel il veillait avec tant d'attention, et avec lequel il partagea tout, jusqu'à la gloire. Quand on a vu André les larmes aux yeux, presque quarante ans après, en présentant les crampons de Guy à une caméra de télévision, on comprend que cette blessure saigne encore. Déchiré aussi par l'injustice à son égard, à leur égard, de « gros pardessus » de la Fédération française qui interrompirent brutalement leur carrière internationale faute de supporter leur créativité, leur liberté, leur indépendance d'esprit, leur romantisme. Déchiré que l'on l'ait privé de quelques matches supplémentaires de bonheur à partager avec Guy.

Car André, à soixante-douze ans, est toujours un enfant. Spontané, impulsif et doté d'une capacité d'émerveillement éternelle. Il aime et s'émerveille devant l'équipe des All Blacks et son jeu au rythme fou, ou devant les grands trois-quarts centre d'aujourd'hui, tel Yannick Jauzion, comme avant celui-ci, Jo Maso, François Sangali, Didier Codorniou ou Thomas Castaignède. Ses petits frères, ses fils spirituels. Comme il s'était émerveillé dans sa jeunesse pour Jean Dauger, Roger Martine ou Maurice Prat, ses grands frères, ses maîtres.

Un enfant qui s'émerveille et qui a toujours du mal à supporter les injustices du monde, la dureté de la vie, la méchanceté des comportements.

André, enfin, est un fidèle. Fidèle à son clan familial : sa femme, Anny que j'appelle « la reine mère », ses enfants, Corinne, François et Hélène. Fidèle à ses petits-enfants, Jean et Paul. Fidèle à la mémoire de ceux qu'il a aimés : chaque semaine depuis des années il fait le pèlerinage de Montfort-en-Chalosse pour aller fleurir la tombe de Guy et de leurs parents. Fidèle en amitié : c'est grâce à André que j'ai rencontré et aimé des personnalités aussi diverses et riches qu'Anouk Aimée, ce monument de féminité, amoureuse du rugby, Marie Dabadie au charme et à la joie de vivre rayonnants, passionnée du jeu de lignes, ses sœurs de cœur, ou Jean Prat, notre cher « John », notre grand frère sur le cercueil duquel nous avons pleuré longuement tous les deux en nous étreignant très fort l'an dernier.

On retrouvera tout cela dans ce livre si riche en souvenirs et si beau. Car André, je le sais depuis longtemps pour avoir gardé plusieurs de ses lettres, a un vrai talent d'écriture. Ce livre aura en outre le grand mérite de permettre à André d'exprimer tout ce qu'il avait sur le cœur, ce qu'il avait de rentré en lui et dont la sortie aura eu sur lui de formidables vertus apaisantes.

JEAN GLAVANY.

19

Mon frère

31 décembre 1967. L'équipe de rugby de Mont-de-Marsan va disputer à Orthez, dans le Béarn, un match amical de propagande. Le club local, d'un niveau inférieur au Stade Montois, sera renforcé par quelques joueurs palois et lourdais.

Mon frère Guy — trente ans — et moi-même — trente-trois ans — venons de mettre un terme à notre carrière en équipe de France, mais nous comptons bien vivre encore quelques belles saisons avec notre club. Nous avons été champions de France en 1963, nous rêvons d'une récidive.

Guy n'est pas certain d'aller à Orthez. Il a eu une luxation acromio-claviculaire et le 31 décembre est une journée chargée pour lui car il tient un bar et un night-club à Mont-de-Marsan. Il décide de venir afin de tester son épaule. Huit jours plus tard nous devons jouer un match de championnat à Paris contre le Racing. Nous avons toujours plaisir à retrouver le public parisien et tous les amis qui ont partagé les bons et les mauvais moments de notre carrière internationale.

Je vais prendre Guy chez lui, au dernier moment afin qu'il puisse se reposer le plus longtemps possible car il a travaillé tard la nuit précédente. Il monte dans ma voiture, un sandwich dans une main, les chaussures de rugby sous un bras. Exceptionnellement, et pour la première fois, nous partons en voiture particulière. D'habitude nos déplacements se font en bus mais Orthez n'est qu'à une cinquantaine de kilomètres de Mont-de-Marsan.

Ce sera un match sans enjeu. Nous partons sans dirigeants, sans kiné. Seul notre vieux complice « Gantoche » qui s'occupe des équipements nous accompagne. Symboliquement, pour le remercier de ses vingt années de bénévolat et de fidélité au club, nous allons lui décerner le titre de « président délégué ». Ce sera pour lui un grand moment de fierté et de reconnaissance.

J'ai pris soin de l'épaule de Guy. Un énorme bandage en élastoplast s'avérera efficace. Je suis l'aîné ; depuis toujours je prends soin de mon frère qui, lui, est l'insouciance même.

Le record d'entrée des spectateurs du stade d'Orthez est battu. Les gens sont venus voir les internationaux montois, en se demandant comment leur équipe allait se comporter devant un club mieux coté dans la hiérarchie rugbystique. Orthez en effet est en deuxième division. Le match se déroule dans une excellente ambiance. Nos adversaires nous respectent et n'essayent pas de nous empêcher de jouer. Ils prennent du plaisir en apprenant. Le public est ravi. Le score — nettement en notre faveur — n'a aucune importance et nous ne sommes pas arrogants. Nous avons réussi une nouvelle combinaison qui a abouti à un bel essai de notre ailier international Christian Darrouy sur une attaque de quatre-vingts mètres. Il est prévu que le dimanche suivant, à Paris, nous exploiterons à nouveau une combinaison. Pour moi, le plus important est que Guy n'a pas souffert de son épaule. Il pourra jouer au stade Jean-Bouin.

Nous allons à la réception au siège du club, sur la place principale, Le Café des Sports. Les supporters locaux nous attendent, le café n'est pas assez grand pour les accueillir. Notre « président délégué » répond aux remerciements du président d'Orthez. Il s'en acquitte avec beaucoup de sérieux, c'est pour lui un moment de bonheur qui récompense de longues années de dévouement. On a trop souvent tendance à négliger, ou à sous-estimer, le rôle de ces bénévoles qui évoluent dans l'environnement d'un club et lui donnent son âme. Nous lui faisons une énorme ovation. Il est tellement ému que quelques larmes glissent au coin de ses yeux.

L'ambiance est chaleureuse et fraternelle. Les supporters sont contents de trinquer avec Dauga, Amestoy, Cazals, Darrouy, Guy et moi, les six internationaux de Mont-de-Marsan. Nous répondons à leurs questions qui, pour la plupart, tournent autour des circonstances de l'éviction de l'équipe de France des frères Boniface. Elle a récemment défrayé les chroniques et elle a même suscité une souscription publique. Ce n'est pas la première fois que nous déclenchons des polémiques, nous avons pris l'habitude d'avoir des inconditionnels et des détracteurs.

Arrive le moment du départ. Guy devait rentrer avec moi. Au dernier moment il change d'avis et part avec Berkovitch, un jeune Montois qui vient de jouer pour la première fois avec nous et se fait une joie de ramener mon frère. Une halte est prévue à mi-chemin à Hagetmau, chez Loulou Requenna, un ancien joueur du Stade Montois, qui a joué très longtemps avec nous et tient un café dans cette ville. Il a participé à notre victoire en finale du championnat de France, quatre ans auparavant. Après cet arrêt qui lui fait plaisir — c'est un des meilleurs amis de Guy —, nous repartons pour parcourir les vingt-cinq kilomètres qui nous séparent de Mont-de-Marsan.

Les voitures se suivent en cortège. Elles arrivent à Mont-de-Marsan. Sauf celle de Guy et de « Berko » qui conduisait son coupé sport. Après avoir roulé quelques kilomètres, ils sont revenus à Hagetmau. Dans le bar que nous venons de quitter, un junior du Stade Montois, amoureux d'une fille d'Hagetmau, est en conflit avec les jeunes du pays qui lui ont cherché querelle. Question de prestige local. Guy et Berko, pris de remords de ne pas l'avoir protégé, ont donc fait demi-tour et réglé ce petit litige. Ils sont donc déjà passés à l'endroit maudit. Un virage.

Nous avons prévu de réveillonner avec nos épouses dans une auberge de campagne à Horsarieu, petit village proche de Saint-Sever. Les Martinez et les Dutin, deux de nos coéquipiers, se sont retrouvés à Tartas. Ma femme et moi arrivons de Montfort-en-Chalosse, notre village, où nous avions déposé nos enfants chez leurs grands-parents. Guy a prévu de nous rejoindre un peu plus tard, venant directement de Mont-de-Marsan.

Lorsque nous entrons dans la salle du restaurant, je perçois un murmure, suivi d'un long silence. Les visages de nos amis sont fermés. Ils ne comprennent pas pourquoi je suis là, ayant entendu à la radio que mon frère avait eu un accident à la sortie d'Hagetmau. Il est, me dit-on, à la clinique Fournier à Saint-Sever. Personne ne semble informé de la gravité des blessures. Ou personne ne veut m'affoler. On ne sait pas si Berkovitch est blessé lui aussi. En fait, il a été aussi hospitalisé.

Je fonce immédiatement vers Saint-Sever avec mon épouse. Nous arrivons à la clinique. Le docteur Fournier, qui est chirurgien, vient me parler de Guy, sans me donner l'impression que son état de santé est grave. Je crois comprendre qu'il a une cheville fracturée et ma première pensée est qu'il ne pourra pas jouer dimanche à Paris. Toutefois je suis intrigué par la présence du docteur Vinciguerra, notre médecin de famille. Il est très lié à nous, c'est un peu notre père spirituel. Il arrive de Montfort.

Le docteur Vinciguerra avait joué au rugby durant ses études à Toulouse et adorait ce sport. Il s'était pris d'une grande affection pour Guy, qu'il avait entraîné lorsqu'il jouait à Montfort. À quatorze ans, il l'avait emmené à Bordeaux voir jouer les Springboks, et alors que personne ne pouvait imaginer une telle chose, même pas moi, il lui avait dit : « Tu vois ces monstres dans leur maillot vert : un jour tu les rencontreras. » Guy m'avait raconté ce voyage enchanté, il était fou de joie, ses yeux brillaient de bonheur et d'envie.

La présence du docteur Vinciguerra me rassure et m'inquiète à la fois. Je perçois une grande agitation dans la clinique. La famille de Berkovitch est rassurée, on apprend que ses blessures ne sont pas graves. Ce qui ne fait qu'accroître mon inquiétude. Vers minuit, le docteur vient m'informer de la gravité de l'état de Guy. Blocage des reins, fractures aux jambes, bassin perforé. Des perforations internes lui font perdre tout son sang. Les transfusions sont nécessaires et urgentes. Vers une heure du matin, je pars au centre de transfusion de Mont-de-Marsan chercher des poches de sang. J'y trouve, dans un petit bureau, deux personnes extrêmement gentilles et totalement dévouées à leur travail en cette nuit de fête pour la plupart des Montois. Il y a des gens, presque toujours discrets et anonymes, dont la valeur humaine mériterait d'être davantage reconnue. Mais ceux-là ne réclament jamais rien.

Lorsque je reviens à la clinique avec les poches de sang, les infirmiers se précipitent vers moi. Je me sens oppressé. Que se passe-t-il ? Impossible d'attendre assis dans cette clinique. Je sors et je marche dans la nuit au hasard de petites rues sinistres. Il pleut, il fait très froid, mais je suis totalement insensible. Je passe devant l'abbatiale et je pousse la porte qui me semble produire un crissement énorme. Le silence est plus profond qu'un silence, je me sens complètement emprisonné entre ces murs qui me paraissent immenses. Seules les deux petites lampes scintillent faiblement sur l'autel. Je m'agenouille sur les carreaux glacés et je prie. Ma prière vient du fond de mon âme, de mon cœur d'ancien « Cœur Vaillant ».

Je retourne à la clinique en espérant de bonnes nouvelles. Devant l'entrée, je vis un épisode d'une impudeur odieuse. Un journaliste, accompagné d'un photographe, me traque comme si j'étais un gibier. Chaque fois que je pousse la porte, le flash crépite, je suis pris en photo. Le journaliste essaye même de m'aborder. Je lui fais vite comprendre que son attitude n'est pas convenable.

À l'intérieur de la clinique, le silence se fait de plus en plus lourd et personne ne vient me parler. Mon inquiétude grandit. Vers quatre heures du matin le chirurgien vient me chercher pour voir Guy. J'attendais ce moment, j'en déduis que l'état de mon frère s'est amélioré. Plus tard j'ai compris qu'il n'en était rien, bien au contraire.

Guy est allongé sur la table d'opération. Il a les yeux fermés et respire avec beaucoup de difficulté. Délicatement, je lui prends la main. Alors il sent ma présence. Il serre ma main avec le peu de force qui lui reste. Il ouvre les yeux. Son regard, en me voyant, est celui de la vie, celui de l'amour. Il sait que je suis là, à ses côtés ; plus rien de mauvais ne peut lui arriver. Nous allons une fois encore, comme depuis toujours, nous battre ensemble et sortir vainqueurs. Au bout de quelques minutes qui me paraissent trop courtes, le médecin me demande de sortir. À ce moment-là, lorsque je lâche sa main, je crois lire sur les lèvres de Guy : « Reste. »

Cette vision, ce moment où je l'ai quitté, hante encore mes jours et tourmente mes nuits. Peut-être Guy a-t-il pensé que je le laissais. Il luttait seul de toutes ses forces et ne pouvait gagner ce match. J'aurais dû garder sa main dans la mienne, rester avec lui jusqu'à son dernier soupir. L'instant où j'ai lâché sa main fut et reste le plus douloureux moment de ma vie.

Le matin, une part de moi-même était partie avec lui. Comment imaginer que Guy ne me parlerait plus, que son visage ne s'éclairerait plus de son sourire joyeux, que la vivacité de son regard s'était éteinte à jamais, que nous ne courrions plus côte à côte en effleurant pudiquement nos corps comme aux moments de réussite d'une action de jeu ?

Le docteur Vinciguerra était allé chez mes parents leur annoncer l'horrible nouvelle. Ils n'avaient pas été tenus au courant de l'évolution de l'état de Guy. Lorsque je suis arrivé à Montfort, j'ai essayé d'être fort et digne. Ma mère était effondrée dans un fauteuil, inconsolable. Mon père se tenait près d'elle, debout, impassible. Des larmes ruisselaient sur ses joues ; il me regardait sans bouger, il souffrait aussi pour moi.

Je le pris dans mes bras, nous nous sommes serrés avec la force qu'il nous avait donnée à tous les deux. Il me murmura à l'oreille : « Pauvre Guy, pauvre Dédé. » Sa dignité était émouvante. Nous, ses deux fils, pouvions être fiers de lui. On administrait des piqûres à ma mère qui semblait ne pas avoir clairement conscience de la réalité.

Lorsque Guy est arrivé, nous l'avons placé dans la chambre d'amis. Pas dans celle que nous avions longtemps partagée : je voulais qu'elle garde notre intimité. Cette chambre d'amis donnait sur la place ; de la fenêtre on apercevait le haut des poteaux de rugby du stade, à une cinquantaine de mètres de l'autre côté de la rue. Ce stade où nous avons fait nos débuts s'appelle « stade Guy-Boniface ».

Ma femme était près de moi. De temps en temps elle allait voir nos enfants qui passaient chez mes beaux-parents les vacances de Noël. Car Anny aussi est de Monfort. Ce beau village de Chalosse a bercé mes souvenirs d'enfance et d'amoureux, il reste pour moi le symbole du bonheur.

Je suis resté assis sur le lit auprès de Guy. Je ne pouvais admettre l'évidence de ce corps sans vie, immobilisé à jamais. Je prenais sa main, j'espérais toujours qu'elle serrerait la mienne. Espoir absurde, il fallait admettre la réalité. Donc, profiter des dernières heures que je passerais à ses côtés.

Mes parents étaient prostrés dans un fauteuil. De temps en temps, je me levais pour les serrer dans mes bras, essayant de leur transmettre la force qui me restait et me quittait peu à peu.

Il fallait accueillir les amis intimes qui venaient voir Guy. J'essayais de me montrer courageux, mais mon esprit était ailleurs. C'était un grand vide, mes gestes étaient ceux d'un automate.

La nuit est arrivée. Nous sommes restés seuls, mes parents, ma femme et moi. Enfin un moment de paix. Guy n'appartenait plus qu'à nous. Hélas, plus pour longtemps. Il fallait vivre le plus intensément possible ces derniers moments d'amour.

J'ai veillé Guy. Vers cinq heures du matin, alors que mes parents dormaient, j'ai voulu aller rejoindre ma femme et voir mes enfants qui me manquaient. Eux seuls pouvaient m'apporter un peu de réconfort. J'avais environ trois cents mètres à parcourir. Un orage terrible avait éclaté, la pluie était diluvienne. Lorsque je suis arrivé sur la place du village, après avoir parcouru une centaine de mètres, un phénomène inexplicable s'est produit : je ne pouvais plus marcher, mon corps était complètement bloqué, ma tête vide. J'ai pensé que la vie me quittait. Je ne sais combien de temps cette impression dura. J'étais à bout de forces, j'avais tellement puisé dans mon énergie, tout s'effondrait brutalement.

J'ai fini par atteindre la maison de mes beaux-parents. J'ai retrouvé ma femme et regardé dormir mes enfants, ce qui m'a réchauffé le cœur. Puis je suis revenu m'allonger auprès de Guy. Je repensais aux milliers de nuits que nous avions partagées. À Monfort, à Mont-de-Marsan, en déplacement avec le Stade Montois ou l'équipe de France. C'était toujours Guy qui s'endormait le premier.

Le lendemain j'ai reçu de nombreuses personnes venues faire une visite d'amitié. C'était éprouvant physiquement, mais moralement réconfortant. Ces gens voulaient nous témoigner leur affection et surtout dire un dernier au revoir à Guy.

Mes parents ne réalisaient pas très bien. Mon père gardait sa dignité. Je le tenais par les épaules, il s'appuyait contre moi, ça l'apaisait un peu. Ma mère était assoupie par les piqûres qu'on continuait de lui administrer.

Avant mon dernier adieu à Guy, j'étais resté avec mon père dans la chambre et j'avais déposé sur son corps deux maillots : un numéro 12 et un numéro 13. Le sien, le mien. Les deux maillots des trois-quarts centre du Stade Montois… Ou de l'équipe de France. Ce moment où l'on se quitte à jamais, je ne le raconterai pas dans ce livre : par pudeur, je le garde pour moi.

Le jour de l'enterrement était une vraie journée d'hiver. Il faisait froid, il pleuvait, des larmes tombaient du ciel. Une journée de chagrin. Le cercueil était porté par des joueurs de Mont-de-Marsan, et de Montfort, la messe dite par un ami d'enfance de Guy, l'abbé Jean Barrucq. Ce fut une cérémonie sobre et poignante. L'église était trop petite et des centaines de personnes étaient restées dehors, stoïques sous la pluie. Parmi elles, tous les joueurs montois, des joueurs dacquois et de nombreux internationaux venus des quatre coins d'Ovalie : Jacky Bouquet, André Herrero, Walter Spanghero, Cabanié, Berejnoï, Gruarin, Amédée Domenech, Jean et Maurice Prat, Crauste, Gachassin, Rupert, Dupuy, Jo Maso, Trillo, Rogé, Martine, Sitjar, Pierre Lacroix, Zani, Cester, Maurice Lira, les frères Cambérabero, Bernard Dutin, Georges Alberto, Roger Blachon, Laudouar, Pierre Albaladejo, les frères Darbos, Titou Lasserre, Berilhe, Berho le talonneur, Jean-Louis Berot l'attaquant. Ces noms me reviennent spontanément en mémoire, et je sais qu'il y en avait d'autres.

Après la messe, mes parents sont rentrés à la maison. Je suis resté sous le petit porche, à l'entrée du cimetière, pour exprimer ma reconnaissance à tous ceux qui étaient venus, certains de loin. J'ai passé trois heures à dire un mot à chacun, je n'aurais pas voulu qu'ils repartent sans leur avoir témoigné mon amitié.

De retour à la maison, j'ai retrouvé ma famille et quelques proches : Anouk Aimée et Pierre Barouh, Antoine Blondin et Françoise, Denis Lalanne et Colette.

Je ne vis aucun membre de la Fédération de rugby. Aucune plaque de la Fédération n'avait été déposée sur la tombe.

Guy me disait toujours en rigolant : « J'aimerais soulever le couvercle de mon cercueil pour voir qui sera à mon enterrement. » Cette phrase aurait plutôt dû être prononcée par moi, car Guy, tout le monde l'aimait. Enfin nous nous sommes retrouvés comme autrefois avec mes parents, ma femme, mes enfants. Il manquait quelqu'un, son ombre nous suivait partout. Ce vide, rien ne le comblera jamais, Guy tenait une trop grande place dans notre vie. Le destin nous avait offert le jeu de rugby pour nous exprimer mais, dans ma mémoire, cette aventure autour d'un ballon ovale, à Montfort-en-Chalosse, à Mont-de-Marsan ou avec le maillot bleu de l'équipe de France, est commune aux deux frères Boniface. Lui et moi. Sans lui, je n'ai jamais pu être le même. D'ailleurs ni la presse ni les supporters ne nous dissociaient, quitte à tenter de nous opposer.

20
Montfort-en-Chalosse

Le 17 septembre, un événement sans précédent eut lieu à Montfort-en-Chalosse. Un beau jeune homme de Mugron avait l'audace de venir épouser une jolie Montfortoise. Ce jeune homme, c'était mon père.

Distants de neuf kilomètres, les deux villages ne vivaient pas en parfaite harmonie. C'était à une moindre échelle l'image de la rivalité qui oppose Dax à Mont-de-Marsan, ou Bayonne à Biarritz. On aperçoit Mugron depuis Montfort, et réciproquement.

L'énorme différence est qu'il existait à Montfort une équipe de rugby, à Mugron une équipe de foot. Dans notre région, il n'y avait pas de commune mesure entre les deux sports : l'un était le vrai, l'autre pas.

Jean Boniface épousait donc Madeleine Froment. Mon père avait une fière allure sportive mais paradoxalement il n'a jamais pratiqué aucun sport. Peut-être en aurait-il eu les capacités, on ne le saura jamais. Madeleine, ma mère, était une jeune fille coquette et fragile, gâtée par sa mère (ma grand-mère) qui avait perdu son mari à cinquante ans et un fils à vingt ans. Elle reportait tout son amour sur Madeleine. Mon père ouvrit à Montfort un atelier de sellier-bourrelier. Il avait fait l'apprentissage de ce métier à Bayonne, ville qui pour moi a une valeur de symbole.

Le 14 août 1934, un premier enfant vient au monde dans ce jeune couple heureux. C'est donc moi : André, Georges, François, Albert, né à quinze heures (l'heure du coup d'envoi) par un été torride. Le bébé était normal…

Le 6 mars 1937, alors que ma mère souhaitait une fille, un autre garçon arrive. Je suppose que mon père était ravi. Guy, Fernand, était beau, dodu, bien plus lourd que moi à la naissance.

À l'automne 1939, lors de la déclaration de la guerre, mon père est appelé sous les drapeaux, ma mère étant alors enceinte de trois mois. Mon père intégra un régiment à Tarbes où il resta deux mois avant de partir au front, dans les Ardennes. Des amis nous ont emmenés à Tarbes, juste avant son départ. J'avais alors six ans et Guy trois ans et demi. J'ai gardé le souvenir de cette séparation douloureuse, de l'immense chagrin de ma mère, qui ne pouvait s'arracher des bras de son mari. Il nous serrait très fort contre lui. Il était comme je l'ai connu durant sa vie : digne, fier, pudique. Ma première leçon de morale, c'est tout simplement l'image quotidienne de mon père. Son exemple. Les valeurs qu'il véhiculait par son comportement.

Ce départ à la guerre aura sûrement été la première grosse peine de mon existence.

Le 12 décembre 1939, un troisième enfant est né. Ma mère attendait encore une fille. C'est Bernard qui est arrivé. Pour Guy et pour moi ce fut un bonheur d'avoir un autre frère.

Mon père avait obtenu une permission de cinq jours pour la naissance de son fils, puis il était reparti au front. Il n'a pas revu Bernard vivant, car une pneumonie l'a emporté en trois jours. Il avait six mois. Ce fut une épreuve affreuse pour mes parents, mais nous étions trop jeunes pour réaliser. Mon père était revenu exceptionnellement. Pour la première fois je l'ai vu s'effondrer en larmes, nous serrant tous les trois dans ses bras.

Je n'ai qu'un vague souvenir des obsèques de Bernard. Avec Guy, nous regardions le cortège par la fenêtre de la chambre du premier étage. Tous les enfants des écoles portaient une fleur. Nous n'étions pas allés à l'église, on nous avait laissés à la maison.

Il y eut ce moment pénible du départ de mon père qui laissait sa femme et ses deux fils pour repartir à la guerre. Il y eut de longs moments de désespoir et de révolte. Cette révolte que je sentais déjà gronder en moi. C'était trop d'injustice ! Pourquoi donner la vie si Dieu la reprenait quelques mois plus tard ? Bernard était encore un ange dans toute sa pureté, il aurait dû vivre auprès de nous et on nous l'enlevait. Cela restera pour moi un mystère inexplicable.

Quelque temps après nous apprenions que mon père était prisonnier en Allemagne. C'était encore une épreuve pour ma mère. Nous pouvions correspondre et lui envoyer deux ou trois lettres par semaine. On y joignait des photos. Pour qu'il soit fier de montrer ses fils aux autres prisonniers, ma mère nous habillait le mieux possible.

La vie n'était pas facile. Montfort était en zone occupée : rationnement alimentaire, discipline stricte, couvre-feu à vingt heures. Ma grand-mère était la seule couturière du village et grâce à son travail nous arrivions à vivre. Très modestement.

Le soir, après le couvre-feu, entre deux rondes, nous partions dans la nuit jusqu'à une ferme en pleine campagne. Guy et moi prenions ma mère par le bras, on se serrait très fort. J'étais en quelque sorte le chef de famille ; je cachais ma peur et m'armais de courage. Nous nous ravitaillions en lait, œufs, légumes et c'était ce que l'on appelait le marché noir. Nous avons toujours échappé à la patrouille.

On ne mangeait pas toujours à notre faim. Ma mère nous donnait des fortifiants, entre autres de l'huile de foie de morue, difficile à avaler. C'était infect, j'étais obligé d'en boire le premier pour donner l'exemple à Guy.

La notion d'exemple commençait à dominer ma vie. J'avais l'exemple de mes parents, il fallait m'en montrer digne. Il fallait aussi être responsable. Vis-à-vis de ma mère et surtout vis-à-vis de Guy. Depuis lors, jusqu'à « l'accident », je me suis senti responsable de lui.

La sage-femme qui nous a mis au monde, Mme Duvignau, habitait la maison contiguë à la nôtre. Elle a dû accoucher plus de mille enfants dans le canton. Elle rapportait de la campagne des fruits et des légumes, et nous en offrait généreusement. Elle n'avait pas d'enfant et était très attachée à notre famille.

Quelquefois, lorsque nous allions dans sa maison, elle nous faisait languir volontairement quelques minutes. Guy s'impatientait et frimait à voix haute : « On s'en fiche, on a plein de poires, de pommes, de raisins à la maison. » Elle éclatait de rire. J'étais rouge de honte. Elle nous donnait un panier de tous les fruits qu'elle avait préparés pour nous. Il y a deux ans, j'ai su que le village de Montfort voulait lui souhaiter son centième anniversaire. Entre-temps elle s'était retirée en Normandie. Je lui ai téléphoné pour la féliciter et, pour la première fois, elle m'a parlé de notre petit frère Bernard. Il était, selon elle, le plus beau des trois Boniface.

La guerre s'est terminée. Mon père était rapatrié sanitaire. Lorsqu'il revint en France, on découvrit qu'il était atteint de la tuberculose. Il fallut qu'il soit hospitalisé durant de longs mois dans un sanatorium à Cauterets, dans les Pyrénées.

Notre amour, encore plus fort depuis le décès de Bernard, a permis à ma mère qui était si fragile, si sensible, de surmonter cette nouvelle épreuve.

Les circonstances liées à la Libération ont marqué ma vie et peut-être ont été à la source de mon comportement ultérieur. J'avais imaginé que, la guerre terminée et les Allemands partis, l'harmonie allait régner dans notre village. Or ce fut affreux : règlements de comptes, vengeances personnelles. Je découvrais la haine, le mensonge et la délation. Des gens qui n'avaient eu aucune action patriotique devenaient les sauveurs du pays. Ils étaient armés, cambriolaient les maisons dont les propriétaires auraient soi-disant collaboré avec l'ennemi. Ils tondaient publiquement des filles qui auraient soi-disant passé des soirées avec les Allemands. J'ai voulu tout voir, tout connaître. J'étais révolté et impuissant. Mon caractère a dû être influencé par ces moments que je qualifierais de « barbares ». Je comprends mieux pourquoi un jour Albert Ferrasse, alors président de la Fédération française de rugby, a dit à mon ami Denis Lalanne : « Votre Boniface, il n'aurait pas dû jouer au rugby car il ne supporte pas l'injustice. »

Peu à peu le calme est revenu dans le village. Mon père est rentré du sanatorium. Il devait aller deux fois par semaine à Saint-Sever, à la clinique du docteur Fournier, pour y subir des soins pulmonaires. Nous y allions avec Guy, une fois par mois, pour passer des visites de prévention. On n'aurait pu imaginer que Guy passerait les dernières heures de sa vie dans cette même clinique, soigné par le docteur Fournier, le propre fils du médecin qui s'occupait de mon père.

Mon père touchait une pension de guerre. Elle n'était pas faramineuse et, dès qu'il a pu, il a repris son travail. Il avait l'amour de son métier, du cuir qu'il travaillait avec délicatesse. Il restaurait des canapés, des fauteuils, fabriquait des sacs à main et des valises. Il était excessivement doué. Malheureusement, il ne nous a pas transmis cette adresse manuelle pour le bricolage.

Nous allions à l'école communale de Montfort. Nous ne suivions pas le même cours, mais nous étions dans la même salle. L'instituteur, M. Daverat, un homme très rigoureux, était passionné de rugby. Le lundi matin, les résultats du championnat de la Côte basque, auquel participait l'équipe de Montfort, étaient inscrits à la craie sur le tableau noir. Durant trente minutes, l'instituteur commentait chaque match et ensuite seulement le travail de la semaine pouvait commencer.

Les récréations étaient consacrées au rugby. L'instituteur nous surveillait en repérant les qualités des uns et des autres, mais les exploits rugbystiques n'avaient aucune influence sur les notes de devoirs. Nous jouions avec un béret rempli de papier et cousu par mon père. Un jour, un de nos camarades nous annonça que s'il était premier en dictée, son père lui offrirait un vrai ballon de rugby. Le plus dégourdi d'entre nous fut chargé d'en informer l'instituteur, sans paraître s'adresser particulièrement à lui. La dictée suivante eut lieu. Notre copain, qui faisait habituellement une bonne douzaine de fautes, fut miraculeusement classé premier avec dix-neuf points sur vingt. Connaissant l'intégrité de notre instituteur, je suis sûr qu'il a marqué la note sans corriger la copie.

Ce ballon était magnifique. Le toucher du cuir était magique. Devant l'école, sur la grande place du village, on posait nos cartables et on jouait enfin avec un vrai ballon. C'était le rugby de place publique, le pur bonheur du jeu. Nous avions défini deux règles importantes : ne pas taper de coups de pied et ne pas laisser tomber le ballon, tout cela dans le seul but de ne pas le détériorer. Celui qui commettait ces fautes était puni pour quelques minutes ; au fil des jours, les fautes étaient moins nombreuses et les joueurs plus adroits. Le rugby entrait dans notre vie, par la pente la plus naturelle : ce jeu fait partie intégrante de la culture landaise. C'est une fatalité de la géographie, les Landais jouent au rugby et aux courses landaises.

Le jeudi, Guy et moi faisions partie des « Cœurs Vaillants », car nos parents étaient chrétiens pratiquants. Encadrés par des garçons plus âgés, nous partions pour la journée dans la campagne de Chalosse. C'est un pays vallonné, dont la terre est très riche. On y cultive du maïs et du blé, on y élève des oies et des canards dont le foie gras est réputé. Nous rentrions à la tombée de la nuit, complètement épuisés. Pas un sentier, pas un ruisseau, pas un lopin de terre autour de Montfort ne nous était inconnu. C'est notre terroir, la vie ne m'en a jamais vraiment éloigné et j'éprouve toujours le besoin d'y revenir. Encore plus depuis le décès de Guy.

J'avais une douzaine d'années. Un grand événement se préparait : un pèlerinage de huit jours à Lourdes avec les « Cœurs Vaillants » du département des Landes. C'était un voyage fabuleux. À Lourdes il y avait sainte Bernadette, mais aussi un personnage à peine moins fabuleux...

Bien qu'il soit plus jeune que les autres, on a emmené Guy. J'étais chargé de le surveiller. J'étais l'aîné, considéré comme le plus sage par nos parents. Guy était plus dissipé, plus décontracté, avec un certain laisser-aller dans sa tenue vestimentaire. Il lui arrivait d'oublier de se laver, ou de se coucher avec la chemise sous le pyjama. Ce qui lui permettait de dormir un peu plus longtemps et d'être plus vite habillé. Ce contraste sera relevé, bien plus tard, par les journalistes sur les terrains : les chaussettes de Guy étaient toujours baissées. Curieusement, je ne lui ai jamais demandé pourquoi. Notre première étape fut Saint-Sever (encore un signe du destin). Nous dormions chez l'habitant et le hasard a voulu que Guy et moi soyons hébergés par la famille Crauste.

Comme nous, ils étaient deux frères, Michel et Claude. Leur père était percepteur. Claude a vécu par la suite à Mont-de-Marsan et a joué avec nous quelques matches en équipe première. Quant à Michel, tous les amateurs de rugby savent qu'il fut, sous le surnom du « Mongol », un des plus grands avants de l'équipe de France, respecté dans le monde entier. Plus tard il allait devenir un de mes meilleurs amis.

Sa mère nous fit dormir dans la même chambre qui comprenait deux grands lits. Au bout de quelques minutes, ce fut le grand chambardement : lutte, catch, sauts de Tarzan, etc. Le matin, les lits étaient complètement disloqués. Nous sommes partis à pied jusqu'à Grenade-sur-Adour pour y prendre le train de Lourdes. Le parcours était d'environ une douzaine de kilomètres.

Nous marchions allègrement en chantant. Au bout de plusieurs kilomètres, nous nous sommes aperçus que Guy n'était plus dans le groupe. Malgré notre inquiétude, nous avons continué notre route et non loin de la gare nous avons vu passer Guy assis sur le porte-bagages du vélo d'un brave paysan qui l'avait pris en « stop ». C'était ma première faute d'inattention. Je me sentais responsable de notre frayeur mais Guy était ravi d'avoir voyagé sans effort. Il avait le don de se faire pardonner toutes ses bêtises.

Le pèlerinage comprenait les dévotions traditionnelles, et des escalades de pics assez difficiles. Le grand moment fut notre passage devant le stade de Lourdes et le café de Jean Prat, Le Winger. Lourdes dominait alors le rugby français et son capitaine Jean Prat, également capitaine de l'équipe de France, surnommé « Monsieur Rugby » par les Britanniques, jouissait d'une légende. Nous avions eu le bonheur d'apercevoir Jean Prat devant la porte de son bar, mais personne n'osa s'arrêter pour le saluer. « Monsieur Rugby » était pour nous un personnage d'un autre monde. Des années plus tard, il m'a raconté la scène telle qu'il l'avait gardée en mémoire. « Je voyais un petit qui ne pouvait pas suivre le groupe, qui traînait les pieds, avec un peu de morve sous le nez. » C'était Guy, évidemment. Comment imaginer que six ans plus tard je jouerais mon premier match international avec Prat à Colombes, et quelques années plus tard avec Michel Crauste ?

Nous habitions sur la place des Tilleuls, de l'autre côté du village, à l'opposé de l'école. Nous participions à tous les jeux imaginables. La voie ferrée passait à une centaine de mètres de notre maison. Avec Guy, nous avions inventé le « jeu du courage ». Il fallait rester le plus longtemps possible, chacun sur son rail, en attendant le train de marchandises qui reliait Mont-de-Marsan à Dax. Il ne roulait pas très vite. Le cheminot qui conduisait cette énorme machine à vapeur sifflait et freinait au maximum. Il nous connaissait et savait que nous serions là, toujours au même endroit, mais il était inquiet car nous prenions de plus en plus de risques. Nous avions confiance en lui. Le train étant presque à l'arrêt, nous montions sur le marche-pied d'un wagon jusqu'à la gare toute proche.

Nous avions un autre jeu qui aurait pu s'avérer dramatique et bouleverser ma vie. Les voisins de l'atelier de mon père possédaient un petit chien très excité qui avait pour habitude de courir après les gens. On approchait de lui, il se mettait à nous poursuivre, on s'enfuyait en courant et on sautait par-dessus un mur d'un bon mètre. Nous retombions en contrebas dans un jardin. Ce mur était recouvert d'un lierre très épais. Sur un de mes sauts, je suis resté accroché, pendu la tête en bas. Un crochet qui servait autrefois à attacher les chevaux des paysans venus faire leurs courses au village était entré dans mon mollet. Mon corps était donc suspendu et mes copains, ne sachant pour quelle raison je restais en suspens, me tiraient vers le bas. Le crochet pénétrait de plus en plus dans mon mollet. Heureusement, un adulte de passage comprit très vite qu'il fallait me sortir en me tirant vers le haut. Ce « sauveur », André Dupaya, allait devenir mon beau-frère, quelques années plus tard : Montfort est petit.

La blessure était vilaine, l'ouverture de la plaie allait de la cheville au genou. Le mollet était entièrement déchiré. À quelques millimètres près un nerf pouvait être touché et me rendre infirme pour la vie. Les moyens médicaux étant ceux de l'époque, je mis cinq mois avant de pouvoir marcher et surtout courir normalement. Quatre fois par jour, un copain venait à vélo me prendre à la maison pour aller à l'école, et me ramener : Yvon Latare, l'enfant exemplaire du village. Il y a toujours un gars exemplaire dans chaque village. Il me reste de cette blessure une énorme cicatrice. Elle ne m'a pas empêché de sauter et de courir.

Quelques années après que mon père eut repris le travail, il a pu acheter une maison. Le hasard a voulu qu'elle soit située à une cinquantaine de mètres du stade. Nous étions séparés de l'entrée par une rue. Ce fut notre bonheur. Le stade était notre jardin. Le moindre moment de libre, nous le passions là. Nous tentions des tirs au but, des drops, nous ébauchions des feintes. Ma mère était rassurée, nous n'étions pas loin de la maison.

Plus tard, ce stade fut baptisé Guy Boniface. Le fronton portant son nom et son prénom se trouve juste en face de notre maison. Mes parents étaient reconnaissants du fait que, huit jours après l'accident, on ait donné le nom de Guy au stade de nos débuts. Mais lire ce nom inscrit quasiment sous leurs fenêtres les ramenait à une réalité toujours aussi douloureuse.

Mon père, originaire d'un village où l'on jouait au foot, a fait l'apprentissage de son métier à Bayonne et, tout à fait par hasard, était allé voir jouer l'Aviron Bayonnais. Le spectacle lui avait plu, il était devenu un amateur de rugby et un supporter de l'Aviron. En ces années d'après-guerre, le prestige de l'Aviron était considérable. On disait : « jouer à la bayonnaise », ce qui signifie pratiquer un jeu offensif, en prenant des risques. Un jeu qui a du panache.

Après son mariage, mon père continua d'aller voir jouer l'Aviron avec quelques amis de Montfort. Un dimanche, il décida de m'emmener à Saint-Vincent-de-Tyrosse, petite ville proche de Bayonne et de Dax, sur la nationale 10, dont le club a très longtemps figuré parmi les meilleurs de la région, voire du championnat de France. Tyrosse recevait l'Aviron. Mon père m'avait recommandé de bien regarder le numéro 12. Un certain Jean Dauger. Nous étions placés dans les populaires, derrière les poteaux ; j'avais réussi à me glisser au premier rang. Dès la première minute de jeu, Dauger reçoit le ballon sur la ligne des cinquante mètres, fait une percée magnifique. Il se rapproche de moi, comme s'il voulait me faire le plus beau des cadeaux, et il dépose le ballon avec élégance entre les poteaux. J'étais à une quinzaine de mètres. Mes yeux d'enfant déjà fou de rugby étaient émerveillés. Un frisson de bonheur traversa mon corps. Cette action restera à jamais gravée dans ma mémoire. C'est l'image de la perfection, l'alliance de l'esthétique et de l'efficacité.

J'ai cherché à m'en rapprocher durant toute ma carrière.

Quelques minutes plus tard, Jean Dauger se blessait au genou et quittait le terrain. Le match n'avait plus d'intérêt pour moi. Reste qu'en l'espace de quelques secondes, j'avais vu ce qu'on peut admirer de plus beau sur l'herbe d'un stade.

21

L'Arms Park à seize ans

Un grand événement se préparait : notre premier match sous les couleurs « tango » de Montfort. Il n'y avait pas beaucoup d'équipes minimes dans les Landes à la fin des années quarante. Seuls Mont-de-Marsan, Dax, Tartas et Montfort en possédaient une. À Montfort et à Tartas, grâce à l'attachement des instituteurs pour le rugby. Presque toujours, dans les régions de France où ce jeu a prospéré, le rôle des instituteurs a été déterminant. Surtout en milieu rural.

Le match allait avoir lieu à Tartas. Les joueurs, les parents, l'instituteur, qui était notre entraîneur, étaient excités et impatients. Mon père était heureux, mais nous avions préféré ne pas en parler à ma mère.

La veille et le matin, nous avions eu droit à quelques vitamines : du miel et un jus d'orange préparés par notre père. Une heure avant le départ, tout le monde était sur la place, attendant le bus. Démarrage à treize heures. La tension régnait. Depuis que nous nous entraînions, je marquais la plupart des essais. Je semblais décontracté, ça rassurait les copains. Pourtant, une impression bizarre m'envahissait. Peut-être avais-je le pressentiment que ce premier match allait être le début d'une aventure merveilleuse. Je sentais en moi une force intérieure qui me donnait une grande confiance. Guy était assis à côté de moi, presque blotti contre mon corps. Il était le plus jeune et le plus petit.

Pénétrer dans un vestiaire, enfiler le maillot sont des instants magiques. Vint le moment de l'échauffement. Les crampons étant interdits, les joueurs portaient des tennis, sauf Guy et moi qui avions des chaussures de ville avec une boucle en acier sur le côté. L'arbitre s'en aperçut et nous interdit de rentrer sur le terrain. Nos équipiers étaient complètement affolés en nous voyant revenir vers les vestiaires. Guy exprimait sa tristesse en versant quelques larmes. Moi, j'étais révolté : déjà ! Nous étions assis sur le banc. Que faire ? Au bout de quelques minutes j'ai pensé que puisque les autres jouaient en chaussures de tennis, il n'y avait aucun danger à ce que nous jouions pieds nus.

Nous voilà revenus sur le terrain à la stupéfaction de nos adversaires, mais à la grande joie des nôtres. Ce fut la première victoire de notre carrière : neuf points à zéro. Je réussis à marquer les trois essais.

Le retour dans le bus fut animé. Nous faisions une halte dans chaque village afin d'informer les rares personnes que l'on rencontrait de notre victoire. Cette prouesse les laissait totalement indifférents, mais ça n'avait pas d'importance, nous étions les petits héros du jour.

Guy jouait talonneur. Il me devait plus ou moins sa place, mais il était courageux et gagneur. Il n'avait pas touché le ballon de la partie, ce qui ne l'empêchait pas d'être débordant de bonheur.

Le lundi matin, dans la salle de cours, une phrase était inscrite sur le tableau noir : « Bravo, je vous remercie pour votre tenue exemplaire. Je suis très fier de vous. »

Ce fut le seul compliment de notre entraîneur qui reprit spontanément son rôle d'instituteur. Malgré mes trois essais, je n'eus pas droit à un point supplémentaire au devoir de français.

Depuis ce match, je ressentais quelque chose d'indéfinissable. Je vivais en me projetant vers le futur, franchissant les obstacles pour arriver au sommet de ce jeu qui, au plus profond de moi, était déjà le centre de ma vie.

Quelques semaines plus tard, l'US Dax qui appartenait à l'élite du rugby français nous fit l'honneur de jouer contre l'équipe minime de Montfort, en lever de rideau d'un match de championnat de France opposant Dax à Bègles. C'était un cadeau merveilleux.

Nous voilà prêts à affronter une équipe prestigieuse sur un grand stade, devant plusieurs centaines de spectateurs. Je me souviens d'avoir pris la parole dans les vestiaires, pour dire à mes copains de ne pas faire de complexe, de ne pas craindre la réputation de nos adversaires, et de faire honneur à notre village.

Guy jouait toujours talonneur. Je me souviens d'un gag superbe. Il prit le ballon sur une touche, s'échappa le long de la ligne, courut rageusement sur une vingtaine de mètres et arriva devant l'arrière. Il s'aperçut alors qu'il s'agissait de René Lincontang, son coéquipier. Guy s'était trompé de camp. Il revint, tout confus. Plus tard, il ferait des belles percées tout aussi rageuses dans les défenses des plus grandes équipes du monde. Qui pouvait s'en douter en le voyant ce jour-là ?

Finalement nous avons gagné ce match par six à trois. J'avais marqué les deux essais. Je n'en tirai aucune forfanterie, c'était le fruit des efforts collectifs, mes équipiers savaient que j'étais là pour ça. Le but de leur jeu était de me donner le plus de ballons possible, dans les meilleures conditions. J'étais obligé d'en faire un bon usage.

Nous étions revenus à Montfort, attendus comme des héros, applaudis à notre descente du bus par nos parents et leurs amis. Seule ma mère n'était pas venue, elle ignorait tout de cet événement.

Ce match restera pour la plupart de mes équipiers un grand souvenir car ils n'eurent plus l'occasion de jouer sur le terrain d'un club de haut niveau. Ils accomplirent leur carrière à Montfort, dont l'équipe fut composée durant de longues années par ces « héros » d'un après-midi. Ils ont joué à leur niveau dans un excellent esprit — celui qui nous avait été inculqué, auquel nous avons tâché de rester fidèles. Nous avons toujours suivi avec un intérêt... patriotique les résultats de Montfort et il nous est arrivé de venir voir jouer le club de notre enfance. Trop rarement, hélas, mais toujours heureux de retrouver nos anciens équipiers. Ils étaient fiers de notre carrière, personne n'oubliait que nous avions commencé à jouer ensemble. Nous avions pris une autre route, mais celle de Montfort qui nous ramenait dans la famille était sacrée. Elle l'est encore.

Après la saison du rugby, je partais à vélo, avec mes copains de l'US Montfort, dans les villages avoisinants où étaient organisées des courses de vaches. C'est l'autre sport qui fait partie de la culture landaise. On dit d'ailleurs la « course landaise ». Chaque année, un concours important a lieu à Mont-de-Marsan et à Dax, il rassemble les meilleurs acteurs, dits les « écarteurs ». Le principe de ce sport est simple. On élève des vaches pour les rendre aussi rapides et agressives que possible. On en lâche une dizaine dans l'arène l'une après l'autre et, pendant deux heures environ, une dizaine d'écarteurs vont les affronter. Plus exactement : les éviter. L'écarteur prend place au milieu d'un cercle appelé piste. La vache fonce sur lui. L'écarteur doit rester immobile le plus longtemps possible et, par une feinte de corps, éviter l'animal. Il y a des blessés graves, parfois des morts.

J'étais un bon écarteur. Il m'arrivait d'effectuer une bonne vingtaine d'écarts et plusieurs fois j'ai récolté les primes offertes par le public ou le comité des fêtes locales. L'argent nous permettait de nous offrir un casse-croûte au bistrot du village ; c'est sans doute pourquoi les copains m'encourageaient si vivement.

J'ai cessé d'écarter dès que j'ai pratiqué le rugby à un certain niveau, par crainte de me blesser. Mais j'aimais ce moment où la vache me frôlait ; j'aimais affronter le danger. Un de mes cousins, membre de la Fédération de la course landaise, a toujours prétendu que j'aurais pu être un grand écarteur. J'ai choisi le rugby. Il existe d'ailleurs des similitudes entre les deux sports : éviter l'adversaire et le déborder par une feinte du corps.

À l'âge de douze ans, je suis entré au collège de Dax comme pensionnaire. Première séparation d'avec ma famille, aussi difficile pour Guy que pour moi. Tous les jeudis après-midi, ma mère prenait le bus et venait à Dax avec mon frère pour me faire sortir. Ces moments de bonheur rendaient la séparation douloureuse. J'étais un affectif pas très déluré, j'avais besoin du cocon familial. Je rentrais à Montfort chaque samedi, à midi, jusqu'au lundi matin.

J'étais un élève dans la bonne moyenne de la classe, plutôt doué pour le français, moins intéressé par les maths. Le sport, le rugby particulièrement, accaparait déjà mon esprit. J'aurais pu être plus studieux. Je passais néanmoins de classe en classe sans difficultés.

Guy était toujours à l'école communale de Montfort et mon absence lui pesait. Je me souviens que mes parents l'avaient inscrit pour un séjour en colonie de vacances, durant trois semaines, à Messanges, un village au bord de l'océan, à une cinquantaine de kilomètres de Montfort. Ma mère pensait que le changement d'air, la mer, la forêt landaise, le fortifieraient car il était malingre.

On avait le droit de venir le voir le dimanche. Mon père se fit prêter une voiture et nous sommes partis passer la journée à Messanges. Plus approchait l'heure du départ, plus Guy devenait triste. Malgré tout il fallait le quitter. Alors, Guy éclata en sanglots. Dans la voiture ma mère pleurait à chaudes larmes, mon père et moi étions tristes. Au bout d'une vingtaine de kilomètres, la décision fut prise : demi-tour, direction Messanges. Guy était introuvable. Il s'était réfugié dans un dortoir pour pleurer sa solitude. En accord avec le directeur, nous sommes repartis tous les quatre, débordant de joie. Aucun sentiment de culpabilité, juste le bonheur d'être ensemble. Pourquoi se priver de ce qui fut notre force pendant trente ans ? L'amour familial comptait avant tout.

Le rugby prenait de plus en plus de place dans ma vie. Je dois dire sans fausse modestie que mes dons se sont exprimés de façon précoce. J'étais rapide, adroit et doté d'un bon coup de pied. À seize ans, je jouais trois-quarts centre dans l'équipe du lycée de Dax qui fut championne d'académie. J'eus comme vis-à-vis Michel Crauste qui, lui, défendait les couleurs du collège d'Aire-sur-Adour. Je jouais aussi en équipe première de Montfort et je lui permis d'accéder à la troisième division, en marquant un essai de cent mètres à Parentis-en-Born, village de la Haute Lande.

Parallèlement, je pratiquais l'athlétisme à l'US Dax. Mon point fort était le sprint — quatre-vingts mètres en cadet — et le saut en longueur. J'ai disputé le championnat des Landes de triathlon, discipline qui comportait une course, un saut et un lancer de poids. J'ai remporté la victoire… devant Michel Crauste, ce qui me qualifia pour disputer le championnat de Guyenne à Bordeaux. Nouvelle victoire, qui m'ouvrit les portes de la finale nationale. Elle avait lieu à Paris, au stade Charlety. Mon père m'a accompagné, suppléant un prof de gym dont c'était pourtant le devoir. J'ai été classé deuxième, derrière un certain Wango qui s'illustra dès l'année suivante au niveau européen (troisième au saut en longueur).

Charlety était le stade du PUC, le fameux club universitaire, dont l'équipe de rugby comptait parmi les meilleures de France. Ses dirigeants connaissaient sans doute mes qualités de rugbyman, car ils se sont adressés à mon père pour lui proposer d'organiser mes études à Paris, lorsque j'aurais été reçu au bac. L'un d'entre eux m'avait carrément promis d'obtenir une licence en droit. Il s'arrangerait pour que je sois reçu sans problème, année après année. Tel était l'« amateurisme », en ce temps-là où il n'était guère question d'argent. La plupart des joueurs du PUC étaient des étudiants, certains de haut niveau. Mon père n'a pas donné suite aux sollicitations de ce dirigeant mais j'avoue avoir été flatté. Un avenir de sportif commençait à se profiler.

Avec le recul, je suis convaincu que la pratique de l'athlétisme à la fin de mon adolescence m'a permis — tout simplement — de savoir courir.

Mes copains me chambraient ; pour eux, l'athlétisme était un sport dérisoire par rapport au rugby. Pas pour moi. J'ai été plusieurs fois chronométré en onze secondes au cent mètres, sans entraînement spécifique. C'eût été insuffisant pour devenir un champion du sprint, mais la vitesse n'est pas inutile, au rugby, pour un attaquant. La discipline qui m'avait le plus attiré — le décathlon — me paraissait inaccessible au vu de mon gabarit.

Durant cette même année, je fus sélectionné en équipe de Côte basque juniors. Nous avions gagné la Coupe de Provinces, qui était un championnat de comités. Puis, toujours sous les couleurs de l'AS Montfort, je fus sélectionné en équipe de France juniors. Je n'en revenais pas. Les autres sélectionnés avaient tous deux ans de plus que moi. J'avais seize ans, eux dix-huit ou davantage. Ils jouaient tous dans de grands clubs : Bouquet à Romans, Tignol à Toulouse, Domenech à Vichy. Moi, je jouais à Montfort-en-Chalosse, un obscur chef-lieu de canton, mais j'étais sans aucun complexe.

Lors de mon premier match de sélection à Romans, aucun dirigeant ne s'est préoccupé de moi, et pour cause : personne ne me connaissait.

Je rongeais mon frein dans mon coin. Lorsque le match débuta, toutes les forces qui bouillonnaient en moi explosèrent. J'avais marqué vingt-deux points : l'inconnu de Montfort devenait la révélation du jour. J'étais à la fois intimidé et fier de l'attention que me portaient les journalistes.

J'ai donc été sélectionné pour jouer contre les Gallois à Cardiff. Transition incroyable : j'allais passer du stade de Montfort, en pleine campagne, au fameux Arms Park. J'en avais rêvé. Je savais que cela se réaliserait un jour. Voilà que ce jour était arrivé.

Sur une échappée de Domenech, j'ai récupéré le ballon aux quatre-vingts mètres et suis allé marquer l'essai. Je l'ai transformé entre les poteaux. La France a gagné cinq à zéro. Les points avaient donc été marqués par ce jeune inconnu qui jouait avec les bas tango et noir de son petit club landais. Autant dire qu'en rentrant en France, j'étais assez content de moi. Mais en lisant la presse, j'ai découvert que, par erreur, les points avaient été attribués à l'autre ailier, un certain Nebout, le propre père de l'actrice Claire Nebout. J'étais fou de rage : comment faire croire que la presse s'était trompée sans passer pour un vantard ? Heureusement, la dépêche de l'AFP a rectifié — je dois dire que j'ignorais totalement l'existence de l'AFP.

Mon bonheur était parfait car j'avais une fiancée adorable, la fille du président de l'AS Montfort. C'était un amour caché. Anny était en pension chez les Ursulines à Tartas, et comme elle était assez dissipée, elle ne pouvait sortir qu'une fois par mois. Je la rencontrais furtivement sur la place publique. Les mœurs ont beaucoup changé depuis. Mais c'était l'après-guerre, dans la campagne landaise. Dans la famille d'Anny, seul le président du club, son père en l'occurrence, était au courant de notre amourette. Mieux je jouais, plus je me rapprochais d'elle ; j'y puisais une motivation supplémentaire.

Après une saison aussi faste, mon président me suggéra d'avoir plus d'ambition et de prendre une licence à l'US Dax. Bel exemple d'honnêteté à mon égard, car il se séparait de son meilleur joueur. En signant cette licence je me rapprochais de l'élite.

Je n'arrivais pas en inconnu dans le club dacquois car les dirigeants avaient suivi mes matches avec le lycée Borda. Ils m'ont accueilli à bras ouverts. Malgré mon jeune âge — dix-sept ans et demi — j'ai disputé quelques matches en équipe première. Ainsi ai-je joué contre Bayonne (sans

Dauger, blessé), Bègles et Mont-de-Marsan. Le derby contre les Montois était fatalement le match de l'année. J'étais titulaire comme trois-quarts centre et, pour moi, ce match allait être le plus important de ma vie. Or, la veille, en classe d'histoire-géo où j'étais peu attentif, je me suis diverti en balançant une mandarine qui aboutit sous le bureau du professeur. Il était réputé pour sa sévérité et m'a immédiatement collé le dimanche. Il a même précisé que rien ni personne, fût-ce le président de la République, ne pourrait faire sauter cette punition. J'allais donc être privé de ce match. Me voilà dans une salle d'étude, le dimanche matin, dans ce lycée situé à moins de cent mètres du stade. On voyait des fenêtres les palissades et les poteaux. J'étais complètement désespéré. Vers midi trente, miracle : un dirigeant arrive et m'embarque. Une seule condition : il était convenu qu'après le match, je reviendrais achever ma punition. L'intransigeance du professeur avait fléchi. Peut-être avait-il craint que ma défection ne suscite des polémiques dans la ville. Le rugby compte tellement dans notre région, un Dax-Mont-de-Marsan attise toujours les passions.

Un événement eut des répercussions sur toute ma carrière. L'US Dax avait conclu un match amical contre les Anglais de Clamorgan. Dax était une équipe moyenne et les dirigeants eurent la bonne idée de nous renforcer avec Pierrot Pascalin, le talonneur de Mont-de-Marsan, qui était le meilleur Français à ce poste, et aussi avec Jean Dauger qui achevait sa carrière à l'Aviron. J'allais donc aborder pour la première fois mon idole, et de plus jouer à ses côtés.

Avant de rentrer sur le terrain, il m'a pris la main et m'a dit : « Je vais jouer tout le match premier centre. » Quelques minutes après le coup d'envoi, je compris pourquoi il avait pris cette décision. M'ayant vu jouer quelques semaines auparavant à Bayonne, il avait repéré mes qualités de vitesse et voulait les exploiter au maximum. Techniquement, j'étais encore à l'état brut. Cet après-midi-là, il réalisa sept ou huit cadrages-débordements, attirant les deux centres sur lui, et par une passe qui était une offrande, il me propulsa dans le trou ouvert au cœur de la défense. Ce qui me permit de faire des percées décisives et de marquer trois essais.

Pour le public, j'avais été le meilleur joueur sur le terrain. Il n'avait vu que le côté spectaculaire. J'étais confus vis-à-vis de Dauger, c'était lui qui avait provoqué les décalages décisifs. Il était heureux pour moi. Ce jour-là j'ai compris que le plus important pour un trois-quarts centre consiste à se mettre au service de l'autre. Sans me douter qu'un autre jour, des années plus tard, cet autre s'appellerait Guy Boniface.

Servir l'autre : tel fut le but du jeu que j'ai cherché à mettre en place. En somme, le but de ma vie sportive. C'était le jeu de ligne. J'ai essayé de copier celui du FC Lourdais qui, avec Maurice Prat et Roger Martine, avait presque atteint la perfection. Ces deux internationaux ont été les précurseurs de l'arrière intercalé, ainsi que de nombreuses combinaisons permettant de varier les attaques et de perturber les défenses. Le jeu qu'ils pratiquaient avec un naturel admirable était orchestré par leur capitaine, Jean Prat. Le rugby français leur doit ce que les Britanniques appelaient le *french flair*. Aujourd'hui, après tant d'années marquées par une série d'évolutions du rugby, pas toutes dans le bon sens, je suis heureux de leur rendre cet hommage. Deux clubs sont à l'origine de ma propre mythologie : l'Aviron Bayonnais de Dauger, le FC Lourdes de Jean Prat.

Au cours de la soirée qui suivit ce match à Dax contre les Anglais, des dirigeants de Mont-de-Marsan sont venus me rencontrer pour me demander de venir jouer dans leur club. Étais-je intéressé ? Oui, forcément. Mont-de-Marsan, qui avait été finaliste du championnat de France en 1949, faisait partie des trois ou quatre meilleures équipes du championnat de France. Un ancien joueur de Montfort figurait dans la ligne d'avants montoise qui était redoutée. Il s'appelait André Brocas. C'était une force de la nature, j'avais toujours pensé qu'il valait mieux l'avoir dans son camp. Nous avions une bonne dizaine d'années d'écart, nos relations étaient amicales en dehors du terrain, c'était un homme bon et brave. Il a influencé ma décision car j'étais encore très jeune et immature. Au Stade Montois, si j'y allais, je me sentirais sous sa protection.

Dax était une équipe de milieu de tableau et semblait afficher moins d'ambition que le Stade Montois. Le soir même, j'ai engagé ma parole et promis de signer une mutation en faveur du Stade Montois. J'avais pris cette décision et je savais que je n'y reviendrais pas.

À la fin de la saison, j'ai averti les dirigeants dacquois et je me suis inscrit au lycée Victor-Duruy de Mont-de-Marsan pour la rentrée scolaire suivante. Avant de quitter Dax, j'étais allé rendre mes chaussures à l'équipementier. C'était la seule chose que je devais au club. Dans mon esprit, tout était clair. Les faveurs dont j'avais bénéficié se résumaient à quelques repas après les matches, avant de rentrer au collège. Autre faveur, sans rapport avec le rugby celle-là : j'étais dispensé d'étude grâce à la sollicitude d'une infirmière qui m'avait pris sous sa protection et m'invitait à prendre une tisane dans son appartement. Avec le recul, je crains qu'elle m'ait pris pour un demeuré, car rien ne s'est passé.

J'étais un gamin et, inconscient, je n'avais pas conscience de demander une mutation en faveur de l'ennemi héréditaire. Car une animosité « historique » existait entre ces deux clubs, comme elle existait sans doute entre Grenoble et Chambéry, Béziers et Narbonne, Brive et Tulle, Bayonne et Biarritz. Durant les vacances, des dirigeants de Dax, que je ne connaissais même pas, sont venus me voir à Montfort chez mes parents. J'étais soudain devenu un joueur digne d'intérêt. Ils m'ont promis des places pour tous les spectacles des fêtes de Dax, le music-hall, les corridas. Deux places, une pour moi, une pour ma future fiancée. C'était une attention délicate, mais j'avais donné ma parole aux Montois et je suis resté inflexible.

Au fil des jours, le climat s'est durci. Un bras de fer s'est engagé entre les dirigeants dacquois et montois. J'espérais que l'affaire allait s'arranger gentiment. Hélas non ! Ce fut dramatique pour moi. Je me suis senti victime d'une injustice, ce sentiment a laissé des traces dans mon esprit. Cinquante ans plus tard, elles sont encore là.

Pour pouvoir jouer dans mon nouveau club, je devais obtenir une lettre de sortie appelée « avis favorable », signée par les dirigeants du club que je quittais. Étant totalement amateur, et n'ayant pas eu l'impression d'être considéré comme un joueur de grand avenir, je n'avais aucune crainte. À mon intense stupéfaction, les dirigeants de Dax donnèrent un « avis défavorable ». À tout moment au cours de la saison qui allait débuter, il leur était possible de revenir sur leur décision. J'espérais encore, mais en attendant qu'ils changent d'« avis », je n'avais pas le droit de jouer. J'étais malheureux et désemparé. Je ne pouvais pas comprendre pourquoi on privait de sa passion le gamin que j'étais encore.

Malgré plusieurs interventions, dont celle du président de la Fédération, René Crabos, qui habitait Saint-Sever, le ton s'est encore durci. La polémique a rebondi dans la presse régionale. L'affaire prenait une ampleur qui ne donnait pas une image sympathique des dirigeants dacquois.

22

Colombes

Après les vacances, mon père m'emmena au lycée. Je n'étais jamais allé à Mont-de-Marsan. Les quarante kilomètres qui séparent Montfort du chef-lieu me semblaient interminables. C'était la première fois que je traversais la forêt landaise. Les longues lignes droites, très longues, se succédaient en traversant des pins majestueux qui me faisaient comme une haie d'honneur. La voiture n'était pas très rapide, le temps me semblait long. Je pensais que je m'éloignais de ma famille, de Guy, d'Anny. J'avais envie de demander à mon père de me ramener à la maison. Une fierté d'homme et de sportif me l'interdisait. Enfin nous sommes arrivés. Le lycée m'a plu, j'y ai reçu un bon accueil.

C'était en octobre 1952. Je suis resté dans cette ville jusqu'en 1993 et je n'ai jamais joué dans un autre club que le Stade Montois, en jaune et noir. Je n'y ai jamais touché un centime.

J'étais donc privé de rugby. Comment accepter une telle injustice ? Je jouais avec le lycée Victor-Duruy qui fut cette année-là champion d'Académie. J'entretenais ma forme avec ces matches et je m'entraînais en outre avec les joueurs de l'équipe première du Stade Montois, ce qui me permettait de me défouler et d'évacuer mon énergie. Les entraînements et les matches avaient lieu dans le même stade Jean-Loustau — un petit stade à l'ancienne, avec des tribunes en bois et des vestiaires minuscules comportant en tout et pour tout quatre douches par équipe. Il était très sablonneux, donc sans boue s'il pleuvait et, lorsque nous avons adopté un jeu basé sur l'attaque, le terrain a été élargi autant que possible. Les clubs que nous affrontions, eux, réduisaient au maximum légal les limites de leur terrain et il nous arrivait souvent de constater que les lignes tracées à la chaux venaient d'être déplacées. Il nous est également arrivé de découvrir des terrains arrosés de fraîche date par les pompiers de la ville, pour rendre le jeu offensif moins facile à pratiquer. Il en résulta des accrochages avec les dirigeants des clubs en question, car ces tricheurs m'exaspéraient. D'une certaine manière, on volait les spectateurs et ça me choquait. Du coup, je passais pour l'éternel râleur. Je persiste à considérer que j'avais raison de protester.

Au début des années soixante, un nouveau stade a été construit à Mont-de-Marsan, tout près de l'ancien : Barbe d'Or, plus conforme aux exigences d'un club de l'élite.

Au lycée, mes copains étaient désolés pour moi. Le proviseur à qui j'avais inoculé le virus du rugby m'invitait tous les soirs à dîner chez lui. Je n'étais pas le meilleur élève, loin de là, mais j'étais le meilleur sportif.

La veille de Noël, un match amical fut organisé à Pau. J'ai pu y participer, le veto ne valait que pour le championnat. Un journaliste, Denis Lalanne, présent à ce match, découvrit un jeune déchaîné qui explosait sur le terrain. J'avais des jambes de feu, j'étais un gamin fou, rien ne pouvait me résister. Ainsi débuta une amitié dont je n'ai eu qu'à me féliciter quand mes rapports avec les dirigeants nationaux sont devenus orageux.

Pendant les vacances de février — à Montfort, c'était la fête du Carnaval, moment crucial de la vie locale —, je suis allé à Roanne, emmené par le docteur Vinciguerra. En effet, Claude Devernois, un riche industriel roannais du textile, président du club de jeu à treize, Roanne XIII, avait contacté mes parents. J'étais parti à contrecœur, à cause du Carnaval, et surtout parce que Anny était en vacances. J'arrive dans une ville triste et grise, sous la pluie : ma décision est déjà prise. Devernois me propose de l'argent. J'ai oublié la somme, l'argent ne m'a jamais intéressé. À court d'arguments, il me laisse entendre qu'il a une fille à marier et qu'elle sera bien dotée. Pourquoi ne l'épouserais-je pas ? Le malheureux ignorait que je ne pensais qu'à rejoindre Montfort le plus vite possible pour retrouver Anny. Aucun souvenir de ce voyage, et bien sûr, aucun regret. Il faut savoir qu'à l'époque, le rugby à treize, professionnel, avait un impact important ; plusieurs internationaux s'apprêtaient à « trahir » la cause du rugby à quinze pour gagner un peu d'argent. Ou croire en gagner, car les promesses ont rarement correspondu à la réalité.

Malheureusement il n'y eut pas d'autre match amical tel que celui de Pau et je me suis morfondu toute la saison. Le Stade Montois s'est qualifié facilement. Il a remporté les seizièmes, les huitièmes, les quarts et les demi-finales. À cette époque et jusqu'aux années quatre-vingt-dix, un long parcours du combattant — quatre matches éliminatoires — séparait le club qualifié de la lutte pour le titre. Le Stade Montois allait disputer la finale du championnat de France, le rêve secret de tous les clubs, mais trois joueurs blessés seraient indisponibles. Les dirigeants montois ont risqué une ultime tentative auprès de leurs homologues dacquois et, miracle… j'obtins l'avis favorable. Enfin ! Je participais certes aux entraînements du mardi et du jeudi mais, à dix-huit ans et quelques mois, devenir titulaire pour jouer le match le plus important de la saison était stupéfiant. De plus, nous allions affronter Lourdes. Fou de joie, j'oubliais que j'allais jouer face aux deux meilleurs centres français, Maurice Prat et Roger Martine.

La finale a débuté sous les meilleurs auspices : notre ligne d'avants bousculait sa rivale et privait les attaquants lourdais de ballons. La réputation du Stade Montois reposait sur une ligne d'avants solide et rugueuse, avec deux internationaux — Robert Carrère et Pascalin — mais aussi Belloqui, Berrocq, André Brocas et quelques autres lascars. Nous menions seize à six à dix minutes de la fin. Notre arrière fut blessé. Le remplacement n'existait pas à l'époque, il fallut jouer à quatorze et chambouler notre équipe. Il s'ensuivit un flottement qui nous fut fatal. En grande équipe, les Lourdais ont profité de notre infériorité numérique, et conclu à chaque occasion. Ils remportèrent le match par vingt et un à seize. Physiquement, ce fut un match difficile pour moi, mais ma jeunesse et mes qualités athlétiques m'avaient permis de ne pas flancher.

Je n'eus guère d'occasions de m'exprimer en attaque. Je garde surtout le souvenir de la profonde tristesse qui régnait dans le vestiaire. Certains joueurs avaient déjà perdu une finale en 1949 et savaient qu'ils n'auraient sans doute plus jamais la possibilité d'être champions de France. C'était émouvant de voir ces forces de la nature effondrées, les larmes aux yeux. Je voulais partager leur peine et je pleurais moi aussi. J'ai compris que s'il est beau de disputer une finale, il n'y a du bonheur que pour le vainqueur. Pour le vaincu, tout s'écroule au coup de sifflet final et, pour la foule qui envahit le terrain, seul compte le maillot du champion de France.

Ce fut une année difficile à vivre. Je continue de penser que le pouvoir des dirigeants de Dax était absurde et illégitime. Ils m'avaient volé une année pour assouvir des rancœurs minables. J'ai en mémoire le nom de ces dirigeants et je ne leur ai jamais pardonné.

Cette punition avait malgré tout un avantage, elle me permettait de revenir tous les week-ends à

Montfort, d'y retrouver Anny et de voir jouer Guy. Il jouait trois-quarts centre à seize ans avec les juniors, et également en équipe première. Il exprimait surtout des qualités défensives, avec un énorme courage. On ne pouvait pas imaginer le joueur qu'il allait devenir quelques années plus tard.

L'année 1953, j'ai enfin intégré l'équipe première du Stade Montois dont le point fort était toujours la ligne d'avants. Progressivement, sur la pointe des pieds, j'ai commencé à apporter le goût du jeu d'attaque. Mais vu mon âge et mon inexpérience, j'avais du mal à m'imposer parmi des joueurs qui comptaient de nombreuses années de jeu à un bon niveau.

Ma vie changeait. J'entrais dans un autre monde, à mi-chemin du lycée et du rugby. J'étais obligé de vivre à Mont-de-Marsan. La famille me manquait. Mon père venait assister aux matches avec des amis. Ma mère attendait impatiemment son retour pour savoir si je n'avais pas été blessé ; Guy pour connaître le résultat et savoir comment je m'en étais sorti. Je venais à Montfort une fois par mois, j'essayais d'apercevoir ma future fiancée et je repartais le lundi matin pour rentrer au lycée.

Peu à peu le rugby a pris une place centrale dans ma vie, au détriment des études. Après les vacances de Noël, j'ai décidé, en accord avec mes parents, de quitter le lycée. Anny avait pour sa part quitté le couvent des Ursulines et la porte de sa maison m'était ouverte. On commençait à évoquer des fiançailles. Anny s'est retrouvée chez les religieuses de Montfort pour y apprendre à cuisiner, repasser, coudre. Mon futur beau-père tenait beaucoup à cette éducation à l'ancienne, censée préparer une femme aux tâches de son futur foyer. On était loin du féminisme moderne.

Guy est venu me rejoindre à Mont-de-Marsan. Il attendait ce moment depuis un an. Nous étions logés chez un dirigeant et partagions toujours le même lit, plus exactement un canapé de salon. Mon frère avait commencé l'apprentissage de boulanger, mais on s'aperçut assez vite que ce métier ne permettait pas de faire du sport à un niveau élevé. Quant au mien, je n'étais pas fixé. Il fallait pourtant songer à gagner ma vie, et celle d'une éventuelle future famille. En attendant mieux, j'ai travaillé dans une usine de bois, la plus importante de Mont-de-Marsan. Ma tâche consistait à compter les planches qu'on expédiait dans les camions. J'y partais chaque matin sur un vélo qui m'était prêté car, vraiment, je ne possédais que mes vêtements. Or, j'étais déjà international. Comme on le voit, ce statut ne procurait pas de gros privilèges.

Je commençais à être repéré par les sélectionneurs et j'ai disputé mon premier match de sélection France A-France B à Lyon. À l'époque ces matches permettaient de choisir les futurs titulaires de l'équipe de France ; les joueurs ne se faisaient pas de cadeaux. J'avais comme opposant direct Michel Pomathios qui était un superbe athlète. D'après les journalistes, je fus la révélation du jour. Certains allaient jusqu'à me titulariser dans la future équipe tricolore qui devait rencontrer l'Écosse pour le premier match du Tournoi. Je ne fus pas retenu. J'étais à la fois un peu déçu et heureux d'avoir été évoqué.

J'attendais mon tour. Cette attente fut assez brève puisque le 26 janvier 1954, à dix-neuf ans et demi, j'étais sélectionné au poste de trois-quarts aile pour rencontrer l'Irlande à Colombes. International ! C'était un bonheur immense, un rêve de gamin qui se réalisait. De gamin landais. J'allais jouer devant quarante mille spectateurs avec Jean Prat et son frère Maurice, Martine, Dufau, Mias, etc. Le jeunot fut gentiment accueilli par ces monstres du rugby. Jean Prat, le capitaine connu pour son extrême rigueur, me prit paternellement sous son aile. Depuis ce match jusqu'à ses derniers instants, notre amitié n'a cessé de se consolider.

Jean était très exigeant avec ses équipiers. Mon application, mon envie d'apprendre, mon esprit collectif lui avaient plu, ce qui rendit mon intégration plus facile et me mit en confiance.

À l'annonce de la composition de l'équipe, Guy était aussi heureux que moi. Mon père était l'homme le plus fier de son village, mais il ne le montrait pas. Mon futur beau-père fit comprendre à sa famille que je pouvais être un bon gendre.

Le vendredi, je découvris le stade de Colombes où nous fîmes un léger décrassage et, le lendemain, je recevais mon premier maillot frappé du coq. Lorsque je l'ai enfilé, mon corps frissonna de bonheur. J'étais fier, pas stressé, mon jeune âge m'accordait la grâce de cette décontraction. Je savais l'importance de l'événement mais il ne m'angoissait pas. J'attendais simplement, avec une grande impatience, le moment où le match débuterait. Contrairement à d'autres, je n'ai guère de souvenirs de ma découverte de Paris. Je ne me suis du reste jamais éloigné de l'hôtel Louvois où se retrouvaient les joueurs de l'équipe de France.

Sauf pour aller aux Galeries Lafayette acheter un cadeau à Anny. J'ai respecté cette tradition tout au long de ma carrière d'international. Les traditions, j'y tiens.

Je revois ce moment où nous étions côte à côte avec les Irlandais dans le tunnel. Je fus surpris de découvrir à côté de moi le numéro 11. Il devait mesurer un mètre quatre-vingt-dix et peser plus de cent kilos, gabarit énorme pour un trois-quarts. Sur le terrain je m'aperçus que le numérotage des Irlandais était inversé, le numéro 1 était l'arrière, le 2 et le 5 les ailiers. Le numéro11 était donc un deuxième ligne, ce qui me rassura.

La descente sous le tunnel qui conduit au terrain m'angoissa un peu. C'était très mal éclairé, l'eau suintait sur les murs, le sol était inégal. J'avais la hantise de glisser et de me blesser. Après avoir gravi sept ou huit marches, on arrive à ciel ouvert derrière les poteaux et on est cerné par cinquante mille personnes. C'est une impression forte, qui sublime.

La présentation des équipes au président de la République, René Coty en l'occurrence, ne fut pour moi qu'anecdotique. J'attendais le coup d'envoi du match, rien d'autre ne m'importait. Il y avait aussi les hymnes. Je ne pensais pas clairement que je représentais mon pays, mais des flashs de mon enfance m'ont traversé l'esprit.

Je fus surpris par l'intensité de l'engagement physique. Personne ne refusait le combat au niveau des avants. Nous avons gagné par deux essais de Maurice Prat. Je jouais à son aile. Il m'avait placé en débordement et, après une course de cinquante mètres, je lui ai redonné le ballon à l'intérieur, il est allé marquer entre les poteaux. Le collectif était au point, c'était le plus important pour les Lourdais qui avaient une grande influence sur le jeu et aussi sur la composition de l'équipe de France. J'avais marqué des points auprès d'eux.

J'avais demandé à Jean Prat l'autorisation de ne pas assister au banquet rituel d'après-match à l'hôtel Louvois. Je n'ai aucun goût pour les cérémonies officielles, et de surcroît j'avais promis à Anny et à Guy de rentrer à Montfort dès le dimanche matin.

Je me suis empressé de prendre le train-couchettes à Austerlitz jusqu'à la gare de Dax où mon père m'attendait sur le quai. Il portait mon sac de sport, lui qui n'en avait jamais eu de sa vie.

Lorsque nous sommes arrivés à Montfort, Guy assistait à la messe. J'ai poussé la porte, elle s'est ouverte avec un grincement. Guy était juste devant l'autel. Il se tourna vers un copain et lui dit : « Je suis sûr que c'est Dédé. » Comme s'il avait senti physiquement ma présence. L'*Ite missa est* se fit attendre. À la sortie, nous nous sommes étreints. Un paquet que je portais sous le bras tomba sur le sol. Guy le ramassa promptement, déchira le papier d'emballage. C'était mon premier maillot d'international, que je voulais lui offrir. Il pleurait de bonheur, palpait ce maillot, se frottait les yeux avec : « De la terre de Colombes... Dédé, c'est merveilleux. Je t'aime encore plus fort. »

Le mot « amour » peut étonner dans la bouche d'un frère. Il faisait partie de notre vocabulaire familial et nous en usions sans fausse honte. Nous avons été élevés dans le culte de l'amour familial et ce culte, je continue de le revendiquer, il a dominé toute ma vie. Nous étions d'humbles villageois, sans argent ni diplômes mais, en convoquant mes souvenirs d'enfance et de jeunesse, je ne revois que du bonheur. Est-ce notre éducation — chrétienne sans bondieuserie ? Sans doute. Nous étions, Guy et moi, des garçons simples, nous aimions Dicu, nos parents, notre village, la nature autour, nos copains, le rugby. Nous aimions la vie en bons « Cœurs Vaillants ».

Dans le train du retour, j'avais eu le temps de revivre ces derniers jours qui me semblaient un rêve. Pendant que retentissait *La Marseillaise*, j'avais revu des scènes de mon enfance. Je pensais à mes copains de Montfort avec qui j'avais partagé mes premiers moments rugbystiques. Ils devaient être fiers de moi. Puis m'est venue une idée qui m'a semblé folle : avoir un jour Guy à mes côtés. Je crois qu'il y pensait encore plus fort que moi. Cet écart qui se creusait entre nous, et qui nous séparait, Guy rêvait de le combler. Alors, plus rien ne nous séparerait. Ce n'était qu'un rêve. Qui, à part lui, pouvait y croire ? Il jouait avec les juniors de Mont-de-Marsan, je n'avais pas souvent l'occasion d'assister à leurs matches. Lui, il venait assister à tous nos entraînements. Il aimait me parler du jeu, des techniques. Il comprenait très vite. La passion du rugby commençait à être pour lui de plus en plus dominante.

23
Les Boni

J'avais beaucoup appris au contact des Lourdais. Je prenais énormément de plaisir à jouer avec eux. Ils atteignaient la perfection dans le jeu collectif, chacun étant au service de l'autre, plutôt que de rechercher l'exploit individuel. Une action manquée à deux contre un était un sacrilège à Lourdes.

J'ai essayé de mettre ce jeu de ligne en application. D'abord avec mon club, plus tard avec l'équipe de France. Il faut une homogénéité d'esprit parfaite, non seulement chez les joueurs, mais aussi dans l'encadrement. Je dois reconnaître que nous ne sommes jamais parvenus à égaler les Lourdais.

La saison 1954 fut faste. J'ai disputé tous les matches internationaux et nous avons gagné pour la première fois le Tournoi des Cinq Nations à égalité avec l'Angleterre, que nous avons battue à Colombes. J'avais marqué un essai qui ne m'a pas laissé un grand souvenir. J'avais ramassé au rebond un ballon « perdu » et je n'avais plus qu'à courir le déposer derrière la ligne. Mon père était plus indulgent : il a placardé dans son atelier une photo de cet essai qu'on m'avait offerte.

Une rencontre restera dans ma mémoire. Je me souviens de la date : 27 février. Je jouais en face des All Blacks qui étaient et allaient rester toute ma vie la référence du jeu de rugby.

J'étais face à ces joueurs mythiques vêtus de noir, à dix-neuf ans et demi, béat d'admiration durant le haka rituel, oubliant que j'allais les affronter dans quelques instants. Par miracle, nous avons gagné ce match grâce à un essai de Jean Prat. Notre partie se résuma à une énorme défense. Je pense sincèrement qu'invaincus après une tournée de deux mois en Grande-Bretagne, les Blacks étaient arrivés à Paris sans nous prendre au sérieux et s'étaient laissé griser par les nuits parisiennes. On peut donc battre les Blacks. Mais sur l'ensemble d'un palmarès, ils sont toujours victorieux.

Cette même année 1954, je me suis fiancé officiellement avec Anny, ce qui ferait sourire un jeune d'aujourd'hui. Anny, comme moi, avait été élevée dans le respect de certaines traditions : on se fiançait avant de se marier, c'était un rite qui solennisait notre engagement et nous étions heureux de l'accomplir. Je peux même rajouter qu'il m'a fallu quatre années avant d'être autorisé à franchir le seuil de la maison de ses parents. Anny avait été l'éleve des Ursulines de Tartas, qui ne plaisantaient pas avec la morale. Elle n'avait le droit de sortir qu'une fois par mois. Je m'arrangeais pour lui faire parvenir des lettres par l'intermédiaire d'une copine externe de Tartas. Je savais que cette fille les lisait toutes et en gardait pour elle une sur trois. Il est permis de supposer qu'elle était plus ou moins amoureuse de moi.

Cinquante ans après, je rencontre parfois des femmes de mon âge, que j'ai connues durant mes années de jeunesse. Certaines me disent qu'elles étaient éprises de moi, mais que je paraissais inaccessible. Ce qui était vrai. J'étais et suis resté l'homme d'une seule femme : la mienne — et je ne le regrette pas. La bague de fiançailles n'était peut-être pas ornée du diamant le plus cher, mais ce qu'elle représentait était tellement précieux. J'y avais dépensé toutes mes économies et surtout j'y avais mis tout mon cœur.

Est-ce une promotion sociale ? En guise de métier, j'étais passé de l'usine à bois à une entreprise de négoce de grains, en l'occurrence celle de mon beau-père à Montfort. Le salaire n'était pas faramineux mais j'étais nourri et logé.

J'avais devancé l'appel afin de me débarrasser au plus vite de mes obligations militaires. Je fus affecté à Bordeaux dans un régiment de l'armée de l'air qui rassemblait les meilleurs joueurs de rugby de la région. Il y avait Pierrot Albaladejo, le Lourdais Guy Calvo qui fut international, d'autres joueurs moins connus, mais d'un bon niveau. Nous nous entraînions tous les jours et disputions des matches amicaux contre de solides équipes de division nationale.

Je devais effectuer dix-huit mois d'armée, mais la guerre d'Algérie débutant, j'ai été maintenu sous les drapeaux. Étant donné les conditions très spéciales de mon service militaire, je ne me sentais pas une âme de combattant et cette guerre, je n'en comprenais pas le sens. Obnubilé par mes rêves de perfection rugbystique, je ne suivais pas l'actualité, je ne lisais que les pages sportives des journaux. Je suis toujours aussi peu informé de ce qui se passe dans le monde. Finalement, je ne regrette pas d'avoir investi ma soif d'absolu dans les sentiments privés — ma famille, mes amis — et dans la passion sportive.

Tout en étant militaire, j'eus la chance d'effectuer une première tournée avec l'équipe de France, en Argentine et au Chili. Rugbystiquement, cette tournée présentait peu d'intérêt. On apprit ultérieurement qu'un des hauts dirigeants de la FFR, qui nous accompagnait, possédait des biens en Argentine. Ceci expliquait cela. Je commençais à distinguer, à l'intérieur du monde du rugby, ceux qui jouent et ceux qui « dirigent ». Je préfère de loin ceux qui jouent, quel que soit leur niveau. Ceux qui dirigent ne m'ont valu que des désagréments. Le séjour au Chili fut marqué par un épisode dangereux : un survol de la cordillère des Andes en bimoteur. Peu de temps après, une équipe d'étudiants uruguayens se crashait dans ces montagnes.

Durant cette tournée, j'écrivais un jour à mes parents et à Guy, un jour à Anny. Je partageais mon voyage avec eux. Ce que j'éprouve, je veux toujours le partager.

On m'affecta à la base aérienne de Mont-de-Marsan pour les mois de régiment qui restaient à couvrir. Anny et moi avions prévu de nous marier et, le 19 septembre 1955, nous avons convolé.

Beaucoup de bonheur autour de nous — mes parents, ma belle-famille, mes amis. Seul Guy avait le sentiment qu'on lui volait quelque chose. C'était faux, mais je comprenais son chagrin, il serait seul maintenant dans le grand lit.

La saison suivante fut moyenne sur le plan international car je n'ai pu disputer que les deux premiers matches. À Colombes, victoire contre l'Écosse ; à Dublin, victoire contre l'Irlande. Des ennuis musculaires m'obligèrent à déclarer forfait pour les matches suivants. Cette période fut difficile, mais conseillé par mon médecin de Montfort, le docteur Vinciguerra, je me suis soumis à un régime alimentaire.

Je voulais être un champion, je savais que cette ambition implique une discipline stricte. Pas de viande rouge, pas de pain, pas de sucreries. Le tabac et l'alcool étaient évidemment bannis, ce qui ne m'a posé aucun problème car je n'ai jamais fumé ni bu de ma vie. Le matin, je prenais un petit déjeuner calorifique : miel, gelée royale, orange et citron pressés. Je m'entraînais tous les jours, je voulais pouvoir maîtriser chaque muscle de mon corps, avec toujours ce souci d'esthétique. Le geste le plus beau peut être également le plus efficace. Il doit l'être.

Au Stade Montois, je n'arrivais pas à imposer mon style et ne trouvais pas la complémentarité nécessaire avec les trois-quarts pour copier mon modèle de jeu de ligne, celui des Lourdais. Une rumeur circulait dans la ville. Un junior du Stade Montois était en train d'exploser. Qui ? Je n'y prêtais aucune attention. Mais après un seizième de finale gagné sans panache, le capitaine de l'équipe annonça qu'un junior de dix-huit ans ferait ses débuts comme trois-quarts centre pour les huitièmes de finale programmés le dimanche suivant. J'étais concerné puisque ce jeune allait être mon futur partenaire dans la ligne d'attaque. Le capitaine Georges Berrocq annonça son nom : Guy Boniface.

Je croyais rêver. Mon émotion était trop forte, j'ai quitté la table et j'ai foncé chez mon frère pour lui annoncer cette nouvelle. Ce moment a compté dans notre vie. Guy franchissait une étape décisive. Nous n'avions aucune honte à verser quelques larmes de bonheur. Notre première pensée fut pour notre père. Nous lui avons annoncé la nouvelle le lendemain que ses deux fils seraient associés sous le même maillot jaune et noir. Il nous écouta, esquissa un sourire et nous serra pudiquement dans ses bras. Ma mère, qui tous les dimanches allumait un cierge devant une statue de la Vierge pour me protéger, devrait désormais en ajouter un deuxième.

Ce match éliminatoire de finale ne pouvait pas être banal. Non seulement j'allais, pour la première fois, jouer aux côtés de Guy, mais nous allions rencontrer nos voisins dacquois à Biarritz. Je n'ai pas pensé une seconde à me venger de la punition subie lors de ma mutation, je me suis concentré sur la préparation. J'étais sur un nuage, un nouveau rêve se réalisait. Cependant, à l'entraînement, j'observais Guy et j'éprouvais une certaine crainte. Il pesait à peine soixante-dix kilos. Mais en le voyant courir et plaquer, je percevais une telle détermination, une telle énergie, un tel courage qu'il me rassurait malgré tout. Ce match, nous en avons parlé pendant des heures après nos entraînements. L'approche du dimanche fatidique nous rendait nerveux.

Le stade Aguilera était bondé, avec un public survolté. Je n'imaginais pas qu'il puisse exister un antagonisme aussi fort entre les deux clubs. L'histoire de ma licence n'avait pas contribué à améliorer les relations et les supporters ne faisaient pas dans la nuance.

J'étais intérieurement très tendu, mais j'extériorisais une grande confiance pour rassurer Guy qui donnait l'impression de n'avoir aucune appréhension. Il savait que je serais à ses côtés, comme je l'étais depuis toujours. Le match fut très engagé physiquement entre les deux lignes d'avants et nous avons gagné difficilement. Notre équipe était plus homogène que celle de Dax, notre jeu d'attaque plus élaboré. Guy se signala par une défense féroce. Malgré son manque de poids, il lui arrivait de renverser des adversaires de cent kilos. Sa densité musculaire naturelle était exceptionnelle.

À partir de ce jour, Guy ne quitta plus son poste de trois-quarts centre auprès de moi, son frère aîné. Le premier but qu'il s'était fixé était atteint. Jamais je n'aurais cru que le talonneur des minimes de Montfort me rejoindrait au niveau de l'élite.

Peut-être avait-il déjà une autre ambition ! Le retour fut euphorique. Le repas du soir était prévu dans un bon restaurant de Montfort, Les Tauzins, dont le fils avait joué avec nous en minimes et que je continue de fréquenter avec plaisir. Nous étions passés embrasser notre mère, rassurée d'apprendre que personne ne nous avait fait du mal. Mon beau-père et mon père furent invités au repas. Papa prit place entre nous deux. Aucun homme ne pouvait être plus heureux sur terre. Il gardait toujours son calme, sa dignité. Son bonheur rayonnait, les motifs de sa fierté étaient là, à sa gauche et à sa droite — ses deux fils.

Comment exprimer de tels moments ? Avec le recul de cinquante années je ressens le même amour et, comme toujours, ma pensée va de mon père à mon frère. Ces sentiments tout simples, les plus précieux qu'un être humain puisse connaître, je les dois à ce culte de la famille inculqué par nos parents et je les en remercie.

J'avais trouvé mon complément idéal. Il ne fallait pas gâcher ce privilège. Le travail minutieux allait lentement porter ses fruits. Malgré tout, je ne pensais pas que Guy pourrait élever son niveau de jeu au-delà d'une certaine altitude. Je me suis trompé et je m'en suis félicité.

Peu à peu, le Stade Montois orientait son jeu vers l'offensive. Certains joueurs, mais aussi les dirigeants et les entraîneurs, commençaient à se convertir à mon idée fixe : l'attaque, le jeu de ligne. Maurice Prat m'avait prévenu : « Il te faut croire aux vertus de l'attaque et t'attendre aux pires sarcasmes. » Je savais que je ne serais pas toujours compris et ça ne m'effrayait pas.

Parmi les dirigeants, un cardiologue m'a aidé à surveiller ma forme. Je faisais des tests d'efforts régulièrement. C'était une attitude d'avant-garde dans le rugby. Elle paraît banale aujourd'hui mais, à l'époque, la plupart des joueurs de haut niveau, voire des internationaux, s'entraînaient deux fois par semaine et pratiquaient la « troisième mi-temps » au pastis ou à la bière. Il arrivait que mes équipiers me reprochent en rigolant d'être aussi sobre.

Tout en suivant les deux entraînements collectifs par semaine, je m'astreignais à des séances quotidiennes. Je partais courir dans la forêt, sous les pins, à quelques kilomètres de Mont-de-Marsan. Les sentiers étaient étroits, mon corps effleurait les fougères, il m'arrivait de rencontrer des chevreuils. J'aimais cette communion avec la nature.

Je courais avec des chaussures d'athlétisme. Ma course était rythmée par le crissement des pointes sur le sol souple et sablonneux. Je n'avais pas un plan d'entraînement établi, mon corps dictait mes efforts. Mon état musculaire du moment me permettait soit de faire un long footing de décrassage afin d'éliminer la fatigue, soit d'effectuer du fractionné, des accélérations entrecoupées de ralentissements. Mon corps, mes muscles et mon esprit étaient à l'unisson.

Ce travail allait refléter pour l'essentiel mon style de jeu. Ralentir, accélérer, maîtriser sa course par rapport à son adversaire, avoir un temps d'avance sur le défenseur.

Je m'astreignais à travailler l'esthétique, le haut du corps devant être dissocié du bas à partir de la taille. Le port de tête très haut pour permettre un regard circulaire. La vision périphérique devait être la plus large possible pour pouvoir se situer par rapport aux adversaires et aux partenaires.

C'était un travail minutieux que je n'ai jamais délaissé. Dans la forêt, j'effectuais un travail de musculation naturelle appelée « hébertisme » : tractions suspendu à des branches, pompes et surtout abdominaux à raison de trois cents à quatre cents par séance.

J'effectuais ces abdominaux sur le conseil de Max Rousié. Ce joueur, considéré comme le plus complet à son époque, avait occupé tous les postes de la ligne de trois-quarts au rugby à quinze puis à ce qu'on appelle le jeu à treize à Villeneuve-sur-Lot. Nous avions sympathisé. La sangle abdominale est la poutre maîtresse du corps, indispensable pour la course et, au rugby, pour la résistance aux plaquages. Lors de ces séances d'entraînement supplémentaires, Guy m'accompagnait de temps en temps, surtout pour le fractionné. Le footing lui plaisait moins. Aux entraînements d'équipe, nous travaillions énormément notre technique individuelle.

Le credo de notre jeu fut la passe. Nous répétions sans cesse ce mouvement de base, l'offrande du ballon au coéquipier dans les meilleures conditions. Il faut comprendre, avant de l'exécuter, le sens de chaque instant dans le geste et je m'y suis attaché, avec ce souci maniaque de la perfection.

Guy a tout appris. Son envie de progresser me faisait plaisir. Jamais nous n'avons abdiqué. Douze ans après notre première association, lors de ce match contre Dax, nous continuions avec le même souci de nous perfectionner. Y compris à Orthez...

À chaque entraînement nous faisions des dizaines de passes, d'abord sans opposition, puis avec. La passe, pour un joueur de rugby, est l'équivalent de la gamme pour le pianiste, du swing pour le golfeur et, malgré le travail le plus obstiné, on n'est jamais à l'abri du mauvais geste. Notre persévérance aura été notre force. Guy voulait progresser dans le jeu d'attaque, c'est pourquoi nous affinions la technique individuelle, pour la mettre au service du collectif, et pratiquer le jeu de ligne.

Chaque joueur devait fixer parfaitement son adversaire. Avec l'apport de l'arrière intercalé, on créait un décalage qui permettait de transmettre le ballon à un partenaire libre.

Faire comprendre à un public l'intérêt de ce travail technique n'était pas évident. Nous concevions en outre une gamme d'actions pour perturber l'adversaire. Les combinaisons imaginées durant la semaine étaient répétées à l'entraînement. Rien n'était laissé au hasard. L'action essentielle dans notre jeu de ligne était le cadrage-débordement. Il s'agit de fixer complètement son adversaire, de l'immobiliser et de le déborder par une accélération violente vers l'extérieur, en attirant sur soi le deuxième défenseur. Lorsque ce mouvement était réussi, le décalage de la ligne était effectué et on aboutissait à un deux contre un. C'est la base de tous les sports.

Ce jeu de ligne impliquait une position d'attaque très en profondeur. Avec Guy, nous étions presque arrivés à la perfection dans ce jeu de mouvement difficile à réussir. Le public n'avait pas conscience du travail patient qui permettait à un ailier de se trouver en situation de débordement et de marquer un essai. Il applaudissait l'essai, il sifflait les frères Boniface si nous échouions.

S'agissant du jeu de ligne, on nous a attribué l'invention de la passe croisée. D'autres avaient dû la faire avant nous mais, dans notre cas, elle était concertée. C'était un réflexe fraternel. Antoine Blondin avec son immense talent avait écrit ceci : « La célèbre "passe croisée", que les deux frères illustrèrent sur toutes les pelouses du monde et portèrent à sa plus ample perfection, était entre leurs mains la passe d'un croisé à un autre. La Terre sainte, ainsi appelle-t-on l'en-but adverse, n'était pas chez eux un vain mot. » Comment mieux exprimer ce geste qui a nourri notre légende, pour le meilleur et pour le pire ?

Guy faisait des progrès énormes. Nous partagions le même idéal de jeu. Notre complémentarité, chacun avec ses moyens, se rapprochait de cette perfection qui, pour moi, était un culte, pour ne pas dire le sens de ma vie sportive. Ce dont nous étions capables pendant les quatre-vingts minutes d'un match était l'aboutissement d'un entraînement sérieux et appliqué. Nous y exprimions tout le bonheur de pratiquer ensemble. Nous étions côte à côte — le numéro 12, le numéro 13 —, rien ne pouvait nous séparer. Guy était parvenu à ma hauteur pour me rejoindre. Pour moi c'était comme un miracle, le miracle de l'amour fraternel.

24

Mont-de-Marsan

Heureux événement le 12 juillet 1956 : notre fille Corinne est née. Mes parents étaient ravis, autant que moi car, chez les Boniface, il n'y avait eu que des garçons, alors que mes beaux-parents avaient eu trois filles. Nous avons attendu quelques années avant de satisfaire les deux familles.

Anny et moi avions ouvert à Mont-de-Marsan, sans aide financière du club, un petit magasin de sport qui nous rapportait juste de quoi vivre correctement. Nous avions loué un appartement pas très loin, au quatrième étage (sans ascenseur). On descendait Corinne dans son couffin, elle restait avec nous dans le magasin et je la remontais deux fois par jour. Excellent exercice pour les jambes.

Tous les jours, à seize ou dix-sept heures selon la saison, je quittais le magasin pour aller m'entraîner. C'était devenu indispensable pour mon corps et mon esprit. Anny restait, fidèle au poste. La « petite Ursuline » respectait les conseils de son père. Le confort dans lequel nous vivions était loin de celui qu'elle avait connu chez ses parents. Nous nous en accommodions, cette vie de famille suffisait à notre bonheur.

Lorsque je partais en déplacement, quelques amis venaient l'aider. Son père l'avait prévenue : « Tu épouses un sportif de haut niveau, tu dois l'aider à accomplir sa carrière. » Elle n'a jamais oublié cette recommandation, son aide m'a permis de me vouer à ma passion en toute sérénité, les « fondamentaux » familiaux étaient assurés.

De 1956 à 1958, j'ai joué un match sur deux dans le Tournoi des Cinq Nations. Peut-être à cause de quelques blessures. Peut-être aussi à cause de mon caractère entier. Je commençais à choquer certains, à agacer d'autres. Je n'acceptais pas volontiers de me soumettre aux directives du jeu si elles étaient opposées à mes idées. Peu à peu s'est créée sur mon compte une série de clichés. J'étais soi-disant fragile et insoumis. C'était difficile à vivre et à comprendre. Dans mon club, tout allait bien, notre jeu offensif se mettait en place, le Stade Montois y gagnait une réputation d'équipe spectaculaire, à la satisfaction des dirigeants. Nos matches à l'extérieur suscitaient des passions, les records d'entrées de spectateurs étaient souvent battus. On parlait de plus en plus du jeu « à la montoise », comme vingt ans avant du jeu « à la bayonnaise » et, toujours, du jeu « à la lourdaise ».

1957. Guy était parti à l'armée, appelé contre son gré au Bataillon de Joinville à Paris : il aurait préféré rester à la base aérienne de Mont-de-Marsan où l'on casait de nombreux joueurs.

Il redescendait les vendredis soir, jouait le dimanche et rentrait à Paris dans la nuit du dimanche au lundi. Il ne prenait pas de couchette, faute de moyens, et dormait dans le filet à bagages. Au Bataillon de Joinville, il fut vite remarqué et sélectionné dans l'équipe de France militaire qui rencontrait une fois par an l'armée britannique.

Était-ce suffisant pour justifier une présence à Paris durant toute l'année, qui le privait des entraînements collectifs ? C'était encore la guerre d'Algérie. Le Bataillon de Joinville, voulant donner en exemple l'esprit des sportifs, envoya des soldats sur le terrain durant l'intersaison. Ces jeunes n'avaient aucun entraînement militaire. Guy a très mal vécu cet exil. Je recevais des lettres qui exprimaient son découragement. Je comprenais sa détresse, je lui écrivais tous les deux jours. Il est rentré en France au bout de trois mois, dans un mauvais état. Il avait perdu cinq kilos et n'a pu reprendre l'entraînement qu'un mois après son retour.

Le plus difficile était à venir. L'année suivante il y eut un nouveau départ et les recrues furent envoyées en pleine montagne des Aurès, sur un piton éloigné de tout. Les lettres de Guy m'arrivaient tous les jours et durant deux mois et demi je lui ai répondu chaque soir. Je lui racontais notre vie quotidienne à Mont-de-Marsan — la famille, Montfort, le Stade Montois. J'essayais de lui remonter le moral. Par comble de malchance, il était tombé malade : ulcère à l'estomac et dysenterie. À quoi s'ajoutait une profonde déprime. Sous ses dehors de joyeux compagnon, Guy était un être fragile, hypersensible. À son retour, il était méconnaissable. Il avait perdu une dizaine de kilos. Je n'avais pas voulu alarmer mes parents ; en le voyant si faible, ils étaient catastrophés. Guy est resté à Montfort pour se refaire une santé physique et morale. J'allais le voir tous les jours. Cela lui faisait du bien. Lui qui n'avait peur de rien et de personne avait craint de mourir loin de nous sans avoir revu les siens. À sa façon, il était aussi attaché que moi au clan familial et à notre humble terroir, le pays de Chalosse. Une fois de plus, je me sentais en révolte contre la bêtise et l'injustice. Car les gradés, eux, n'étaient pas partis en Algérie. Ils étaient restés à Joinville pour encadrer les sportifs d'été (athlétisme, cyclisme).

J'ai écrit au commandant du Bataillon de Joinville pour protester contre cette absurdité, conscient que ma franchise se retournerait contre moi. Peu m'importait. Le fait est qu'on ne m'a plus sélectionné en équipe de France pendant deux ans.

Après quelques semaines à Montfort, Guy a retrouvé la forme. Fragile peut-être, mais tellement volontaire. Avec le Stade Montois, nous avons disputé la finale du championnat de France contre le Racing à Bordeaux. C'était ma deuxième finale, la première de Guy. Finale perdue, et qui nous a laissé un goût amer. Techniquement, ce fut une catastrophe. Je pense avoir touché le ballon deux fois, Guy également. Les deux équipes n'ont pas donné une image avantageuse du rugby.

Au début des années soixante, l'étoile de Guy s'est mise à briller dans le ciel d'Ovalie. Pour ma part j'étais au mieux de ma forme, je jouais avec une aisance que je n'avais jamais connue. On commençait à parler du jeu des frères Boniface… et du caractère de l'aîné. Des polémiques s'engageaient sur notre style qualifié d'« académique » par les uns, tandis que d'autres nous jugeaient « romantiques ». Le Stade Montois avait la cote, le public était nombreux quand nous jouions à l'extérieur. On comparait notre jeu de ligne à celui des Lourdais. Nous nous amusions, cherchant avec passion à rendre notre complémentarité plus efficace. C'était l'apothéose d'une belle histoire d'amour entre deux frères.

Guy s'épanouissait au fil des matches. On évoquait une possible sélection en équipe de France. J'étais aux anges, je pensais au « couple » que formaient Maurice Prat et Roger Martine. J'étais persuadé qu'on allait nous associer au centre de l'attaque tricolore comme nous l'étions au Stade Montois.

Le 23 mars 1960, Guy fut sélectionné en équipe de France pour affronter les Gallois à Cardiff. Notre joie s'est teintée d'un léger malaise, car Guy ne jouerait pas avec moi mais avec Jacky Bouquet, de Vienne, un superbe attaquant certes, mais qu'il connaissait très peu. J'ai caché ma déception pour ne pas le troubler, convaincu qu'un jour on nous sélectionnerait tous les deux.

Mon père était heureux pour Guy, mais il en voulait aux sélectionneurs, et à tous ceux qui plus ou moins consciemment rêvaient de nous opposer en affirmant que Guy Boniface était meilleur qu'André. Ou inversement. Rares étaient ceux qui avaient compris à quel point nous étions complémentaires depuis l'épanouissement de Guy.

Cette année-là, l'équipe de France partit en tournée en Argentine. Je ne figurais pas sur la liste des vingt-huit joueurs retenus. La mauvaise foi des sélectionneurs était évidente. Guy ne voulait pas partir sans moi. Je l'ai obligé à changer d'avis, ayant toujours cette conviction que tôt ou tard nous serions associés.

Avec le Stade Montois nous avons perdu en demi-finale contre Béziers qui était une grosse équipe. Match superbe. Nous avons pris notre revanche contre les mêmes Biterrois en finale du challenge Du Manoir, mettant le public du parc des Princes sous le charme de notre jeu. Le Du Manoir était un challenge de haut standing qui fonctionnait sur invitation, en conformité avec la tradition britannique. Les meilleurs clubs français s'y retrouvaient. De plus, c'était le seul match qui se jouait en nocturne, ce qui permettait grâce à la récupération un jeu de grande intensité. C'était en quelque sorte le « must » du rugby français et remporter ce challenge avait presque autant de valeur que d'être champion de France.

En 1961, je n'ai pas été sélectionné une seule fois pour le Tournoi des Cinq Nations. Guy a disputé tous les matches et s'est distingué à chaque rencontre. En club, notre jeu continuait de s'améliorer. Le Stade Montois était désormais l'équipe considérée par les amateurs comme la plus offensive et la plus spectaculaire. Notre ailier Christian Darrouy, qui allait devenir international, battait le record des essais. Le jeu de ligne que je souhaitais fonctionnait désormais aussi bien que celui des Lourdais. La référence était atteinte. Nous étions persuadés qu'on allait enfin nous associer pour les matches du Tournoi. Erreur. Aucun sélectionneur ne venait nous voir jouer. Aucun : l'ostracisme et le mépris étaient manifestes. C'est le moment où la presse s'est mise à entretenir une polémique qui allait durer jusqu'à la fin de notre carrière. Une lutte d'influence s'engageait entre deux journaux sportifs. L'un, « fédéraste », approuvait les décisions des dirigeants de la Fédération : haro sur les frères Boniface. L'autre prenait notre défense avec une fougue passionnée.

Comment pouvait-on estimer que Guy, associé à tel trois-quarts centre, était meilleur qu'avec son frère ? Nous jouions ensemble, nous nous entraînions ensemble. Nous passions nos journées à parler du jeu, à disséquer le match du dimanche précédent, à préparer celui du dimanche à venir. Nous étions totalement indissociables.

Guy, qui avait atteint un excellent niveau international, savait que j'étais à mon maximum. On lisait, ou entendait ceci : « Guy est meilleur que Dédé. » Ou bien : « Dédé est meilleur que Guy. » Il y avait de la perversité dans ces jugements assénés dans la presse et repris par certains dirigeants. Pour nous, tout était clair et limpide : les deux frères n'en faisaient qu'un. Le fruit de cette entente se révélait tous les dimanches, aucun amateur de bonne foi ne pouvait en douter.

Guy allait donc faire le Tournoi sans moi et jouer différemment. Il ne retrouvait son partenaire de la ligne d'attaque que pour une heure d'entraînement, la veille du match. Le jeu de ligne n'existait pas ; du coup, chacun recherchait l'exploit individuel.

Avec son punch et sa rage de vaincre, Guy tirait son épingle du jeu et marquait au moins un essai par match. Ce n'était pas le rugby que nous pratiquions au Stade Montois et, à son retour, nous commentions ces matches du Tournoi avec une certaine frustration. En fait, nous attendions notre revanche. La séparation était difficile à vivre. L'incompréhension bornée des sélectionneurs était de plus en plus critiquée par les amateurs et plusieurs journalistes sportifs. Nos sentiments souffraient d'ambiguïté. J'étais heureux pour mon frère. Guy était malheureux pour moi. Je redoublais d'efforts à l'entraînement. Je voulais mettre tous les atouts de mon côté en espérant convaincre.

Pour le Stade Montois, la saison 1962 fut encore superbe avec à la clef une demi-finale en championnat de France et une deuxième victoire consécutive en finale du challenge Du Manoir.

Cette deuxième finale — toujours contre Béziers — est restée dans ma mémoire. Le parc des Princes (avec la piste cyclable des arrivées du tour de France) était devenu notre jardin. La réputation du jeu à la montoise prenait de l'ampleur. Le Parc avait accueilli deux fois plus de public que l'année précédente. L'éclairage était magnifique et, lorsque les projecteurs se sont éteints, nous avions eu l'impression d'achever la saison en apothéose.

Après cette finale et d'un commun accord, Guy et moi avions déclaré à l'AFP que nous ne jouerions plus de matches internationaux l'un sans l'autre. La décision était irrévocable. J'ai conscience, avec le recul, que cette mise en demeure pouvait être considérée comme une forme de chantage. Aujourd'hui, ça ne passerait pas, on nous évincerait. Ça n'est pas passé sans mal.

Les efforts du jeu à treize pour accroître son audience s'amplifiaient, et pas seulement en France. La Ligue internationale, basée en Australie, recrutait des joueurs quinzistes des deux hémisphères. En France, un délégué, M. Vassal, était chargé de « débaucher » des joueurs ciblés. C'est ainsi qu'un beau jour, nous avons vu débarquer à Montfort deux personnalités. Elles se sont présentées chez mes parents, qui ne s'attendaient pas à une telle visite. Bien entendu, ces messieurs voulaient nous recruter, sachant pertinemment l'état de mes relations avec la Fédération, ainsi que notre désir de jouer ensemble. Sur le plan médiatique, l'opération était censée avoir un retentissement considérable. On imagine les conséquences possibles : d'autres internationaux pouvaient franchir le Rubicon. D'ailleurs, certains ne s'en sont pas privés.

Les transactions furent simples, pour ne pas dire simplistes, et pas très saines : les deux recruteurs ont ouvert une valise posée sur la table de la salle à manger. Elle était remplie de billets de banque. Guy et moi étions arrivés sur ces entrefaites. Nous n'avons même pas regardé les billets. Ils ont précisé que si nous acceptions la transaction, nous appartiendrions à la Ligue internationale de jeu à treize. Donc, nous n'aurions plus aucune liberté de choix, nous pourrions aussi bien aller jouer à Carcassonne qu'à Villeneuve... ou à Sydney. Notre décision était prise avant l'entrevue, sans que l'état de nos finances entre en ligne de compte. Nous n'étions pas riches et ça nous importait peu. Les deux messieurs sont repartis mécontents et bredouilles. Je me souvenais d'avoir été contacté, des années auparavant, par le président de Villeneuve-sur-Lot, le docteur Mourgues, qui m'avait promis monts et merveilles (un logement, un commerce, un bar, une station-service). Par pure curiosité, et peut-être pour juger de la fiabilité des promesses de ce dirigeant, j'étais allé à Villeneuve, accompagné du docteur Vinciguerra — toujours lui. En réalité, l'immeuble n'était pas construit, nous n'avons vu qu'un terrain vague. Aussi vague que les engagements des dirigeants treizistes de l'époque.

En fin de compte, notre intransigeance a eu un effet positif. La sélection pour une tournée en Nouvelle-Zélande fut annoncée et nous y étions retenus tous les deux. Enfin ! Nous avions joué à quitte ou double ; les dirigeants avaient eu peur. À vrai dire, la moitié des joueurs sélectionnés avaient déclaré forfait, la tournée durant un mois et demi et nos frais journaliers s'élevant à deux francs cinquante. Le rugby à quinze était encore amateur. Un peu marron, mais amateur. Tous les joueurs internationaux exerçaient un emploi, la plupart d'entre eux ne pouvaient pas quitter leur travail pour une durée aussi longue.

Nous n'avons pas réfléchi une seule seconde : l'aventure allait être merveilleuse. Je laissai donc ma femme et ma fille à Mont-de-Marsan. Pour Anny, ce serait difficile à vivre mais elle n'a même pas envisagé de me priver de ce voyage aux antipodes. Un petit groupe d'amis l'a aidée ; grâce à eux elle a pu surmonter les difficultés et tenir notre magasin. Corinne était à Montfort chez ses grands-parents, ma femme l'y rejoignait en fin de semaine.

Entre le printemps 1958 et l'été 1961, j'avais été sélectionné — par quel hasard ? — une seule fois, pour rencontrer l'Angleterre à Twickenham. Nous avions fait match nul, ce qui n'était pas un mauvais résultat. Lequel de nos sélectionneurs avait réalisé un nul à Twickenham ? Lucien Mias leur avait posé la question en rentrant dans le bus. À leur mine renfrognée, j'avais compris que cette réflexion ne leur avait pas fait plaisir. Lucien Mias, de Mazamet, aura été le premier joueur assez audacieux pour s'opposer aux dirigeants. C'était une personnalité dont la force m'a étonné, et que j'ai admirée. Au moment où débutait ma carrière d'international, il était instituteur et, physiquement, se laissait un peu aller. Il est devenu médecin, a perdu du poids et s'est métamorphosé en un capitaine rayonnant, vainqueur des Springboks à Johannesburg pour la première fois. Denis Lalanne a exalté cet exploit en racontant la première tournée de l'équipe de France en Afrique du Sud dans son livre *Le Grand Combat du XV de France*. Ce livre est important, il a fait entrer le rugby dans la littérature en l'assimilant à une chanson de geste.

Depuis ce match contre les Anglais, je n'avais pas eu la moindre nouvelle du comité de sélection. Ni la moindre explication. C'étaient les mœurs des dirigeants fédéraux. On apprenait sa sélection par la radio. Si on était évincé, personne n'avait la pudeur, ou le courage, de fournir une explication. Ce silence, je l'ai mal vécu. Je vivais pour le rugby, en toute gratuité. J'y pensais tout le temps, j'en parlais à longueur de temps, notamment avec Guy. Je cherchais à me perfectionner avec un soin passionné, ma forme était parfaite, les résultats du Stade Montois excellents, et en écoutant la radio, pendant deux longues années, j'apprenais qu'on ne voulait pas de moi.

Or les sélectionneurs étaient les mêmes qu'à mes débuts internationaux en 1954. Ils seraient encore les mêmes à Cardiff un certain 26 mars 1966 de triste mémoire. La place était avantageuse, pas très éprouvante. La moyenne d'âge de ces pontes oscillait entre soixante-dix et quatre-vingts ans.

Tout cela était oublié. Enfin, provisoirement. Au bout du monde, nous allions réaliser notre rêve : porter les maillots 12 et 13, côte à côte. Lui et moi.

Nous avons quitté Mont-de-Marsan avec une escale à Montfort pour dire au revoir à la famille, parents et beaux-parents. Ma mère était heureuse car elle savait que nous allions vivre ensemble pendant deux mois. Elle nous fit une recommandation… de mère : « Surtout ne prenez pas froid et ne vous penchez pas à la portière. » C'est exactement ce que nous avons fait et cela eut une importance dans le déroulement de cette tournée.

Nous avions évidemment promis à notre mère de l'écouter. Nous sommes allés prendre le train à la gare de Dax. Mon père nous accompagnait. Il était d'autant plus heureux que nous étions à Dax et il n'avait pas oublié mon année de pénitence. Moi non plus.

Anny nous a embrassés, sans rien laisser paraître de son inquiétude. Elle devrait assumer toutes les charges familiales durant cette longue absence. Son père lui disait toujours : « Tu dois toujours te montrer fière de ce que fait ton mari. »

C'était un homme sage, qui m'inspirait beaucoup de respect et d'admiration. Il avait combattu dans les tranchées durant la guerre de 1914-1918, avait été gravement blessé par des éclats d'obus et soigné aux Invalides. Ses blessures au visage étaient importantes. De retour à Montfort, il avait repris ses activités de négociant en grains et refusé la pension de grand blessé de guerre à laquelle il aurait eu droit. Il était intègre et « vrai ». J'aimais l'entendre parler de son expérience, en particulier ces moments terribles dans les tranchées, à quelques mètres de l'ennemi. Je comprenais qu'ayant vécu cela on devenait un autre homme. Il a élevé sa famille dans le culte de la droiture et du respect des autres, j'étais bien placé pour m'en rendre compte, avec l'exemple d'Anny.

Ma femme a toujours tenu son rôle d'épouse et de mère, avec une totale abnégation et beaucoup de persévérance. Elle a transmis à nos enfants les vertus que nos parents nous avaient inculquées. Je lui en suis reconnaissant car un sportif doué, promis à un bel avenir dans n'importe quelle discipline, ne peut s'épanouir s'il ne trouve dans son entourage le soutien nécessaire. La complicité du couple est absolument fondamentale. L'épouse doit être présente dans les bons et surtout dans les moments difficiles. Au cours d'une dizaine d'années de sport de haut niveau, il y a forcément des phases difficiles où l'on a besoin d'être encouragé. J'ai toujours trouvé ce réconfort auprès d'Anny, et au soir de notre vie conjugale je tiens à lui rendre cet hommage.

25
Au pays des All Blacks

Cette tournée chez les All Blacks ne fut pas à la hauteur de nos espérances. L'encadrement, très important pour ce genre d'expédition, s'est avéré inexistant. L'hébergement, la nourriture, les conditions de transport étaient pour le moins négligés, ce qui ne nous mettait pas dans les meilleures dispositions pour affronter les réceptions sévères que nous réservaient les Néo-Zélandais.

Ils nous ont accueillis avec une belle courtoisie. Ils avaient du respect pour l'équipe de France. Dans ce pays, le joueur de rugby jouit d'un prestige particulier, le jeu est presque une religion.

Était-ce un hasard ? Les débuts furent malheureux. Guy joua le premier match contre une province, moi le deuxième. Le troisième match étant le premier test, nous étions inquiets, bien qu'ayant produit une bonne prestation dans nos matches respectifs. Allait-on nous associer ?

La composition des équipes fut annoncée au cours d'un repas du soir, deux jours avant le test-match. Trois-quarts centre : Guy Boniface, André Boniface. Nous étions côte à côte. Sous la table, Guy prit ma main dans la sienne. Au moment où nos noms furent prononcés, nous avons failli nous écraser les doigts. Enfin, après une si longue attente, nous allions jouer notre premier match international ensemble. Quel bonheur ! C'était la consécration que nous espérions depuis deux ans. Un flash a traversé mon esprit : deux petits frangins de l'équipe minime de Montfort-en-Chalosse. Guy a revu en accéléré les mêmes images de notre enfance ou d'autres. Nous allions jouer l'un à côté de l'autre devant les joueurs qui à nos yeux étaient les meilleurs au monde. Pour moi, ils le sont restés. Nous pensions à nos parents, à la famille, à nos supporters montois, à tous ceux qui nous aimaient et nous avaient soutenus. Nous regrettions seulement que cet événement intime ait lieu à l'autre bout du monde. À Paris, nous aurions pu partager notre bonheur.

La volonté, le courage, la fraternité étaient enfin récompensés.

Les All Blacks avaient reçu les Lions britanniques deux années auparavant et s'étaient renseignés auprès d'eux. Ils craignaient notre talent offensif, que les Britanniques appelaient le *french flair*. Ils étaient curieux de découvrir notre jeu de passes et nos combinaisons. Leur culture, leur point fort étaient le jeu d'avants, pratiqué par des athlètes très puissants. La Nouvelle-Zélande était encore un pays essentiellement rural, la plupart des joueurs travaillaient la terre, ça leur donnait une rudesse, une endurance particulières.

Le match eut lieu dans le fameux Eden Park d'Auckland. Pendant les hymnes suivis du haka, Guy et moi étions côte à côte et nous nous serrions très fort la main. Notre amour fraternel traversait nos corps, nous ne faisions plus qu'un. Toutes les images de notre vie défilaient dans notre esprit. Une étrange pensée pour notre petit frère Bernard nous laissa croire un instant que…

On ne réagissait à rien de ce qui se passait autour de nous. Ce moment, personne ne peut savoir combien il a été fort, personne ne peut mesurer ce qu'il a représenté pour nous. Je le partage toujours avec Guy, nous étions si heureux !

Le match se jouait à guichets fermés. L'engouement était énorme. Les spectateurs avaient passé la nuit à faire la queue en attendant l'ouverture des guichets. Il faut savoir que les tournées étaient rares. L'impact d'un match international prenait des proportions mythologiques. Le prestige de l'équipe de France reposait sur le fait que nous avions battu les All Blacks à Colombes — et plus récemment, en 1958, les Springboks sud-africains dans leur antre, l'Ellis Park de Johannesburg, lors de cette tournée commandée par Mias et mythifiée par Denis Lalanne.

Dès le début de la partie, nous avons senti les All Blacks fébriles. Ils manquaient de confiance et nous menions à la mi-temps par six points à cinq. Juste après la reprise, Guy s'est fait une entorse de la cheville. Pas de remplaçants, pas de « banc » à l'époque : si un joueur se blessait, on terminait le match à quatorze. C'est ce qui s'est produit et nous avons été battus par treize à six. Nous avions perçu des failles dans le jeu des Blacks, mais aussi leurs qualités physiques exceptionnelles. Don Clarke, Graham, Colin Meads, le capitaine Whineray allaient prouver pendant plusieurs années qu'ils étaient des joueurs exceptionnels. Je fus particulièrement impressionné par un troisième ligne maori, Vic Yates. C'est sûrement le joueur qui m'a marqué le plus. Malheureusement il ne vint jamais en France et sa carrière fut de courte durée, de mauvaises fréquentations l'ayant trop vite détourné du rugby. Dommage, j'aurais aimé qu'il participe à la tournée des Blacks en Europe prévue trois ans plus tard.

Guy avait la cheville plâtrée et se déplaçait avec des béquilles. Je prenais soin de lui, m'occupant de l'intendance car tous les trois ou quatre jours nous changions de ville. Cette blessure arrivait au moment où enfin nous avions atteint notre but. Quelle malchance ! Je suis convaincu que si nous avions pu jouer ce premier test au complet, nous aurions gagné le match. La suite de la tournée n'aurait pas été la même. Malgré tout nous étions heureux, notre jeunesse ressuscitait, nous vivions ensemble. Quatorze jours nous séparaient du deuxième test. Nous espérions que Guy aurait le temps de guérir. Entre-temps nous avons disputé trois rencontres contre des Provinces ; j'en ai joué deux. J'étais dans une excellente forme. Les entraînements, les soins journaliers (sauna, massage) me convenaient. L'argent mis à part, c'était une vie de professionnel. L'argent ne nous avait jamais préoccupés. Au risque de surprendre, j'affirme n'avoir jamais touché un centime durant ma carrière, à Mont-de-Marsan ou en équipe de France.

Je ressentais au sein du groupe un climat déplaisant, et que je ne pouvais m'expliquer. Les journaux néo-zélandais étaient élogieux à mon égard, les journalistes français aussi, en particulier Denis Lalanne dans *L'Équipe,* dont il était grand reporter. J'attendais, j'espérais une marque de confiance de la part de dirigeants. En vain. Ils ne daignaient pas m'adresser la parole. Pourquoi ?

Guy était guéri. Il a testé sa cheville durant le troisième match face à une Province : pas de problème, il pouvait jouer le deuxième test-match.

Une mauvaise surprise nous attendait : Guy était retenu dans l'équipe, et moi pas. C'était la pire des lâchetés de la part de l'encadrement et du capitaine de la tournée. Personne ne vint me parler pour me donner la raison de mon éviction. De plus, je fus désigné pour être arbitre de touche. Cette mise à l'épreuve était la pire offense imaginable. J'ai ressenti un tel sentiment d'humiliation et d'injustice que ma colère faillit éclater. Je suis monté dans ma chambre avec Guy et nous avons décidé que j'accepterais ce qu'on exigeait de moi.

Ce deuxième test se joua à Wellington, dans des conditions atmosphériques épouvantables. Le vent soufflait à 120 km/h, la pluie tombait sans discontinuer. Il était impossible de construire un jeu. Les All Blacks gagnèrent par cinq à trois,

« Pipiou » Dupuy de Tarbes ayant marqué un essai de quatre-vingts mètres contre le vent. Exploit superbe. Je revois Domenech, coiffé d'un serre-tête trop grand pour son crâne, m'adressant des clins d'œil complices au bord des touches. Il restait un dernier test à disputer, mais j'avais des raisons de penser que la tournée était finie pour moi. Guy au contraire était en confiance et me redonnait le moral. Je me suis naïvement accroché aux derniers espoirs de jouer ce troisième test. Avec Guy, bien entendu.

Comme par hasard, on m'a fait jouer les trois matches face aux Provinces, dont deux aux côtés de mon frère. J'étais en possession de tous mes moyens, au summum de ma forme. J'avais vingt-sept ans, l'âge de la pleine maturité pour un champion, et mon désir de revanche me sublimait. Notre entente dans ces deux matches fut parfaite. Nous avions gagné très largement en pouvant exprimer notre jeu. Contre la sélection d'Otago, nous avions marqué trois essais. *L'Équipe* titra : « On vit un grand André Boniface ». Denis Lalanne était plus qu'élogieux. Est-ce cela qui déplut ? Pourquoi refusait-on à nouveau de nous associer au centre ? Je figurais certes dans l'équipe annoncée, mais, comme une nouvelle mise à l'épreuve, on m'attribuait le poste de trois-quarts aile. C'était trop ! Avant l'entraînement, j'ai eu une courte discussion avec Guy, et en accord total avec lui, j'ai quitté le terrain et suis rentré à l'hôtel. Ma décision était irrévocable : je refusais de jouer à un poste qui n'était pas le mien. Cette décision a pu être interprétée comme un acte d'orgueil. Elle pouvait mettre un terme prématuré à ma carrière internationale. Tant pis, je ne supportais plus ce qui, de la part de certains, ressemblait à de la haine irrationnelle.

Quelques heures plus tard, le capitaine de la tournée est venu me retrouver dans ma chambre pour m'annoncer que j'allais jouer au centre. Je savais qu'il avait participé à la composition de l'équipe. Je lui fis savoir que le staff était à la fois malhonnête et pas très courageux pour avoir ainsi changé d'avis.

Je n'avais exercé aucun chantage pour jouer à mon poste, convaincu qu'ils assumeraient leur choix. Je fis semblant de réfléchir quelques instants pour lui laisser un doute. Mais j'avais tellement envie de jouer avec Guy que j'ai accepté ce vilain marchandage.

J'ai donc disputé ce troisième test à Christchurch. Nous avons perdu par cinq essais à un. Malgré cette défaite, je pense avoir fait ce jour-là mon meilleur match international. C'est difficile à comprendre, mais ce fut le cas. Vic Yates pour sa part réalisa un match époustouflant. L'arbitrage « maison » ne fut pas pour rien dans notre défaite. Dois-je préciser qu'au long de cette tournée tous les arbitres étaient néo-zélandais ? Et j'ajoute qu'au long de ma carrière d'international les arbitres furent toujours britanniques. On peut estimer à neuf points le handicap initial de l'équipe de France, lors de chaque match du Tournoi des Cinq Nations. Les choses ont heureusement changé depuis.

La tournée se terminait sans gloire. J'avais été émerveillé par le pays. On ne voyait nulle part des places publiques, et partout des terrains de rugby sans barrières, avec seulement les poteaux qui montaient vers le ciel. Les enfants sortant de l'école posaient leur cartable, enlevaient leurs chaussures et jouaient pieds nus par n'importe quel temps. Ils étaient dirigés par le professeur qui leur avait donné le dernier cours, maths, histoire ou géographie, c'était la récompense quotidienne.

J'avais retrouvé avec plaisir mon adversaire du test de 1954 à Colombes. Il avait dix ans de plus que moi et ne jouait plus. Il m'a donné sa carte de visite. Ronny Jarden. Vingt-deux fois All Black en gros caractères et, en dessous, en lettres minuscules : « Chef de cabinet du Premier ministre ». Ce qui traduisait à la fois l'importance du rugby dans ce pays, et la diversité sociale des joueurs de haut niveau, dans tous les pays de rugby. Je crains qu'avec le rugby professionnel d'aujourd'hui, aucun international ne puisse devenir ultérieurement membre du cabinet d'un chef d'État ou de gouvernement. Les temps ont changé. Les joueurs avec qui j'ai pratiqué, à Mont-de-Marsan ou sous le maillot tricolore, étaient ouvriers ou instituteurs, agriculteurs ou chirurgiens-dentistes, ingénieurs, commerçants, etc.

Le jeu de trois-quarts que nous avions pu pratiquer avait séduit les Néo-Zélandais. Au cours de l'avant-dernier match contre une Province, à Invercargill, j'avais réussi plusieurs cadrages-débordements devant mon adversaire direct qui s'appelait Miller. Il avait davantage le gabarit et la technique d'un troisième ligne que d'un centre. Quelques heures après le match, sa femme accouchait d'un garçon. Ses parents l'ont appelé André Boniface Miller. En l'apprenant, j'ai été fier et ému. Cette tournée manquée est restée, pour Guy et pour moi, un beau souvenir. Nous espérions envers et contre tous qu'elle marquerait le début d'une grande aventure internationale.

La présence de deux journalistes amis, Paul Haedens et Denis Lalanne, a contribué à nourrir les polémiques déjà vives sur les « frères Boniface ». Ils vivaient avec nous et participaient même aux entraînements. Paul Haedens, le frère de l'écrivain, était petit et trapu. Nous le faisions jouer pilier. Amédée Domenech s'évertuait à le tordre. Paul ne résistait pas si mal. En tout cas, il s'accrochait, bien que n'ayant jamais joué, sauf peut-être en universitaire. Il me rappelait ces piliers irlandais qui ne ressemblaient à rien, mais étaient si difficiles à tordre. Denis, en tant qu'ailier, ancien champion régional de cent dix mètres haies, se montrait plus élégant. Un international imagine difficilement de s'entraîner avec des journalistes. Ce n'est qu'un aspect anecdotique de ce qui sépare le rugby de jadis de celui d'aujourd'hui. Dans cette tournée, la plus longue de l'histoire du rugby français, nous n'avions ni médecin, ni kiné, encore moins de diététicien : Amédée se chargeait de cultiver des plats à sa façon. Pas seulement des plats : il nous régalait de sa verve et de ses incartades. Sans lui, la tournée aurait été sensiblement plus monotone. Quel personnage ! En outre, il fut un très grand joueur, plus rapide qu'aucun pilier, bon manieur de ballon, capable de jouer à l'aile comme il l'a d'ailleurs fait à Turckenhau face à Young, membre de l'équipe du 4 × 100 mètres de l'équipe anglaise d'athlétisme. Sa fidélité à notre égard mérite le respect, il a toujours été des nôtres. Il jouait à Brive, club qui grâce à lui est devenu un des meilleurs de France. On l'appelait « le Duc » et ça lui allait bien.

Pour l'anecdote, nous avions clôturé la tournée en rencontrant l'équipe d'Australie à Sydney. Victoire par trois essais à un. Les Australiens avaient l'ailier le plus rapide du monde, un certain Cleary, qui avait couru le cent mètres en dix secondes et trois dixièmes. Il est passé au rugby à treize l'année suivante. Amédée Domenech prétendait l'avoir rattrapé sur cinquante mètres. Dieu seul sait s'il a exagéré.

Je pensais qu'à notre retour la Fédération française de rugby exigerait un compte rendu de la tournée et mettrait en cause les dirigeants en grande partie responsables de ce fiasco. Au contraire. Comme il fallait un bouc émissaire, le capitaine de la tournée endossa ce rôle et ne fut plus jamais sélectionné. Encore une injustice…

26

Champions de France

L'année 1962 fut une année de bonheur et de peine. Guy avait monté un bar de style pub anglais : Le Club. Pour donner un exemple des pratiques en vigueur à l'époque, notre club avait consenti à cautionner le prêt nécessaire à l'achat de ce bar. Mais Guy remboursait les annuités. C'était un endroit très convivial. Le charisme de Guy drainait du monde, on se sentait bien chez lui et j'étais sûr de sa réussite. Il avait eu l'idée de créer une discothèque au premier étage — un club assez fermé qu'il avait voulu appeler L'André Guy. Les membres possédaient un badge et un casier dont ils détenaient la clef, mon frère se contentait d'alimenter les casiers en boisson. C'était un privilège d'appartenir à ce club et Guy savait sélectionner les gens qui le méritaient. Le premier critère était leur fidélité d'esprit envers nous deux.

Notre vie sportive se poursuivait à Mont-de-Marsan avec de plus en plus de recherche dans la complémentarité de notre jeu. Après chaque match nous passions de longues heures à disséquer les phases et à rectifier ce qui n'avait pas fonctionné. Chaque jour de la semaine, Guy me demandait discrètement à quelle heure j'allais m'entraîner et je le retrouvais à l'endroit où je laissais ma voiture, au milieu des pins.

Il arrivait que nous nous lancions des défis, en particulier sur les accélérations. Sa progression physique était surprenante, mais il tenait à ce que l'on remarque ses progrès dans la technique du jeu d'attaque, tout aussi remarquables. Nos matches sous les couleurs du Stade Montois étaient très suivis. Si nous nous déplacions à Aurillac, à Tulle, à Bayonne, à Montferrand, ou Béziers, les records de spectateurs étaient souvent battus. Les matches étaient souvent rudes notamment contre les clubs du Massif central. On venait voir le jeu offensif des Montois dont la presse se faisait l'écho, mais nos adversaires essayaient par tous les moyens de nous empêcher de nous exprimer. De sorte que nous ne pouvions pas toujours faire valoir notre talent et ça me frustrait. En vérité, les gens venaient aussi voir les joueurs du cru déquiller les frères Boniface. Souvent, lorsque nous arrivions dans la ville où nous allions jouer, nous découvrions les pages sportives de la presse locale. « Halte aux Boni ! » revenait le plus souvent. Les entraîneurs, selon les journalistes locaux, avaient prévu une défense appropriée, ce qui laissait présager un après-midi difficile.

Le rôle de l'arbitre était important. Il était censé surveiller les actes d'anti-jeu : tirage du maillot, plaquage sans ballon, etc. J'eus de nombreux démêlés avec le corps arbitral à ce sujet, ce qui me valut quelques matches de suspension et une réputation de râleur invétéré. Je n'insultais jamais les arbitres, je leur demandais juste s'ils allaient faire la vaisselle en rentrant à la maison, et les courses le lendemain. Une femme d'aujourd'hui trouverait le propos quelque peu machiste. Y compris la mienne. Le rapport signalait : « injures à l'arbitre », ce qui me semblait faux. Après une suspension de deux dimanches, j'ai décidé, le jour de ma rentrée, de placer sur mon visage, en travers de la bouche, deux morceaux de sparadrap. C'était à Mont-de-Marsan, contre un club des Pyrénées. Je me suis approché pour taper le coup d'envoi. L'arbitre m'infligea une pénalité. J'ai ôté le sparadrap, en lui expliquant que cet acte symbolique visait l'arbitre qui m'avait sanctionné précédemment, et pas lui. Cette histoire — mineure — du sparadrap sur la bouche est entrée dans la légende des frères Boniface, presque autant que les passes croisées.

Un joueur de haut niveau peut difficilement imaginer la vie que nous menions alors. Les clubs ne disposaient pas de gros moyens et les joueurs travaillaient tous. Pour les déplacements loin de Mont-de-Marsan, nous partions la veille en bus, quelquefois en train — et toujours en seconde classe. Les routes étaient difficiles, les bus pas très confortables. Il nous arrivait, au retour, de voyager jusqu'à quatre ou cinq heures du matin avec un seul chauffeur. Christian Darrouy qui craignait qu'il ne s'endorme s'asseyait toujours à côté de lui et lui parlait jusqu'à l'arrivée.

Le matin, les ouvriers ou les employés étaient à huit heures au travail, les instituteurs à neuf heures. Aucun favoritisme n'exemptait l'un ou l'autre joueur. Les sportifs devaient donner le bon exemple. Je revois Martinez, Gourgues, Darrouy, Amestoy, Caillau, Lestage, Hilcock et les autres se précipiter chez eux, à l'aube, pour prendre une douche et une tasse de café avant de rejoindre leur travail.

Ces déplacements nous permettaient, à Guy et moi, de retrouver notre complicité d'enfants, comme si le temps s'était immobilisé. On prenait une chambre avec un grand lit. Une seule chose avait le don de m'énerver : nous nous couchions vers vingt-deux heures ; cinq minutes plus tard, Guy s'endormait alors que je lui parlais. Je continuais de cogiter en pensant au match du lendemain. Ma présence devait lui procurer cet apaisement qui l'embarquait au pays des songes. Il savait que je pensais pour lui. Même chose lors des déplacements avec l'équipe de France. Je commandais le petit déjeuner assez tôt pour qu'il ait le temps de se réveiller.

Après les matches aux quatre coins de l'Hexagone, nous allions au siège du club pour la traditionnelle réception. La plupart du temps, c'était le grand café de la ville et presque toujours il s'appelait Le Café des Sports. Nous restions longtemps avec les supporters qui nous attendaient. La télévision et le lyrisme de Roger Couderc nous avaient rendus populaires, les polémiques attisaient la curiosité. Nous allions traverser une partie de la France pour rentrer à Mont-de-Marsan, mais ces moments avec des amoureux du rugby étaient précieux.

Il y eut encore une saison où Guy et moi n'avons joué qu'un match international ensemble contre la Roumanie. Les sélectionneurs avaient vraiment de la suite dans les idées. Ou plutôt : dans la hargne. En club, nous avons été battus en demi-finale du championnat mais, pour la troisième fois consécutive, nous avons remporté le challenge Yves Du Manoir. 1960, 1961, 1962 : ce beau challenge devenait notre propriété privée. La dernière finale, disputée contre Pau, s'était jouée à guichets fermés. Nous étions chez nous au parc des Princes, il nous semblait que nous connaissions chaque spectateur.

Le plus bel événement de l'année ne fut pas rugbystique : notre fils François est né. Enfin un garçon — très attendu, en particulier par mon beau-père et sa famille. François est venu au monde le 31 décembre, date qui deviendrait cauchemardesque. Pour l'heure, elle nous apportait un immense bonheur. Notre fils fut prénommé François et Robert.

Robert était le prénom d'un journaliste, Robert Roy (Bob), devenu notre ami. Il incarnait ce que chaque homme aurait pu rêver d'être avec son élégance, sa courtoisie, son intelligence, sa beauté. Chaque été, Bob passait ses vacances chez des amis communs à Mont-de-Marsan. Nous parlions de rugby avec passion, pendant des soirées entières. Il avait joué une saison en équipe première à Pau. Sa carrière s'était terminée précocement car il était monté à Paris comme journaliste à *L'Équipe*. Il signait la chronique du rugby et celle du tennis. Il aura été avec Denis Lalanne, son ami palois, notre plus acharné défenseur, jusqu'à vouer de la haine à ceux qui ne voulaient pas nous comprendre. Par son fait, et celui de Denis, notre carrière ne laissa personne indifférent dans l'univers du rugby. On pouvait n'être pas d'accord avec le style de jeu défendu par Denis, on devait s'incliner devant son talent, dans un registre voisin de celui de Blondin. Il a fait entrer le rugby dans la littérature française, et a contribué à le populariser dans les milieux intellectuels et artistiques parisiens.

Le 14 avril 1961, à Colombes, lors du match France-Irlande, Bob Roy était assis comme à son habitude dans l'herbe, sur le côté opposé à la tribune d'honneur, tout à fait en bordure de touche. Je ne sais comment il parvenait à se placer à cet endroit. Nous menions par huit points à zéro. Je tentais une relance à hauteur des cinquante mètres. Après avoir fait un cadrage-débordement devant Hewitt, un centre irlandais, j'ai attiré les deux défenseurs vers la touche et fait une passe croisée à l'ailier Rancoulé, lequel redonna le ballon à l'arrière Lacaze pour marquer l'essai. Bob Roy me voyait arriver droit sur lui. Il a décrit dans un article ce moment en ces termes : « André, les yeux pétillants de bonheur, eut un sourire indescriptible, il avait un visage d'ange. » Il avait assisté de très près à ce moment magique de la réussite qui vous transporte dans un autre monde. Celui du bonheur, qui ne s'extériorise pas à travers le corps, mais avec l'esprit. C'eût été bien plus beau si j'avais pu le partager avec Guy.

Bob Roy croyait qu'enfin j'avais convaincu les détracteurs du jeu d'attaque. La nuit fut courte. Nous avons parlé du jeu, encore du jeu. Bob voulait tout savoir. Nous nous sommes quittés au petit jour, ravis mais pas comblés car il manquait Guy pour que la fête soit complètement réussie. Le plus difficile était accompli, j'avais réussi à imposer mon idéal. Du moins, je le pensais. Maurice Prat est venu m'embrasser. Jean Dauger, également présent, était fier de son disciple. Quelle chance j'avais ! Bob Roy qui était aussi reporter de tennis devait prendre la route pour couvrir le Tournoi de Monte-Carlo. Il emmenait avec lui deux amis palois qui étaient à Paris et cherchaient un emploi. Il les hébergeait durant leur galère.

Bob avait pour habitude d'acheter de grosses voitures américaines d'occasion, pas chères, mais qui consommaient beaucoup. Il les revendait lorsqu'il rentrait à Paris. Sur la route il pensait à l'article qu'il voulait écrire, inspiré par nos discussions le soir du match. Un article très pointu sur la technique individuelle au service du jeu de ligne. Cet article ne devait jamais paraître... Alors qu'il roulait tranquillement, une voiture s'est déportée et a pris la sienne de plein fouet. Bob et ses deux amis ont été tués sur le coup. Pour Guy et moi ce fut un terrible chagrin, en vérité notre première grande peine d'adulte. C'était difficile de croire au drame après cette nuit avec lui à Paris : j'avais l'impression que nous venions juste de nous quitter. Nous sommes allés voir ses parents à Castelnau-Rivière. Ils ne nous avaient jamais vus, mais nous connaissaient à travers Bob. Ils nous ont étreints avec émotion. Je revois son père, debout, beau comme Bob.

Notre fils François Robert était né. Paule, la compagne de Bob depuis de nombreuses années, serait la marraine et Guy le parrain.

Guy était fier. François était un peu son fils. Mon frère qui adorait les enfants n'en a pas eu.

La naissance de François enchanta mes parents. Peut-être leur faisait-il repenser à Bernard, qu'ils n'avaient pas vu grandir. Ils ne nous en ont jamais parlé. Pourtant je suis sûr que cette disparition a été terrible pour eux.

Mon beau-père aura connu avec cette naissance une de ses dernières joies car il devait décéder quelques mois plus tard, François étant près de lui. Lorsqu'il l'avait vu pour la première fois, cet homme rigoureux, ayant affronté les pires épreuves, s'était laissé envahir par l'émotion.

1963 : l'apothéose rugbystique pour Guy et pour moi. Nous avons joué tous les matches internationaux ensemble et le Stade Montois a connu ce dont rêvent tous les joueurs de tous les clubs de l'élite.

L'état de santé de mon beau-père s'étant aggravé trois jours avant un seizième de finale du championnat de France, il me fit venir à Montfort et en tête à tête, dans sa chambre, sentant sa fin proche, il me dit ceci : « Quoi qu'il arrive, il faut que tu ailles jouer, tu ne dois pas abandonner tes équipiers. » Malgré son extrême fatigue il s'exprimait avec conviction. Je lui fis la promesse de jouer ce match. Il mourut à Montfort le samedi, vers vingt heures. Nous étions à ses côtés. Je pris un taxi pour Périgueux où nous devions jouer ce seizième contre Vienne, l'équipe de Jacky Bouquet. Mon beau-père avait dû me transmettre mystérieusement son énergie : j'ai marqué les vingt et un points de la victoire et j'ai pu assister aux obsèques à Montfort le lundi.

Chaque printemps, la France du sud de la Loire s'animait pour les phases finales des championnats de tous niveaux, les clubs qualifiés se rencontrant sur terrain neutre, dans des villes ou bourgades vers lesquelles convergeaient des cohortes de supporters. Pour nous, les Montois, huitième de finale sans problème contre Tarbes. Quart, sans plus de problème contre Chalon-sur-Saône où l'arrière Vannier, longtemps international au Racing, terminait sa carrière.

Événement périlleux : nous allions affronter Lourdes en demi-finale. Une bonne dizaine d'internationaux seraient concernés : Crauste, Gachassin, Arnaudet, Halsaren chez les Lourdais. Amestoy, Cazals, Darrouy, Guy et moi chez les Montois. Le FC Lourdes était entraîné par Jean Prat, alias « Monsieur Rugby » ; le Stade Montois par Fernand Cazenave qui avait été international au poste de trois-quarts aile lorsqu'il jouait au Racing, puis à Mont-de-Marsan.

Ce match fut programmé à Lyon, choix absurde qui pénalisait les supporters des deux équipes. Étant donné les distances et les moyens de transport, la plupart d'entre eux ne pourraient pas assister à la partie censée être la plus spectaculaire de la saison. En effet, les deux équipes les plus offensives allaient s'affronter. À Toulouse par exemple, le match se serait joué à guichets fermés. À Lyon, quelques milliers de spectateurs semblaient perdus dans l'immense stade de Gerland.

Le jeu des deux équipes fut d'un très haut niveau, l'esprit excellent. Les adversaires se respectaient, sans se faire de cadeaux et je pense notamment à Michel Crauste, mon ami depuis les « Cœurs Vaillants », et à Jean Gachassin, mon complice dans l'équipe de France.

Nous avons gagné ce match et passé la nuit avec les Lourdais avant de reprendre le train le lendemain. Nuit de joie pour tous, vainqueurs et vaincus, dans l'amitié.

L'US Dax avait pour sa part remporté l'autre demi-finale. Événement incroyable en perspective : une finale landaise entre les deux « frères » ennemis.

Les jours qui la précédèrent ne furent pas des plus agréables. Les supporters se défiaient avec trop d'agressivité et au fil des jours la tension montait entre deux villes rivales, deux clubs dont les dirigeants se tiraient dans les pattes. La nuit, des anonymes inscrivaient des graffitis sur la vitrine de notre magasin. Il s'agissait de jeunes Dacquois effectuant leur service militaire sur la base aérienne de Mont-de-Marsan. Leurs supérieurs les ont obligés à venir les nettoyer. L'épisode m'avait plutôt amusé. J'appréciais moins un tract qui circulait dans tout le département. Le caricaturiste avait dessiné un « diable » en forme de rouleau compresseur censé représenter le pack d'avants de Dax, pulvérisant deux pauvres Montois à moitié écrasés : Guy et moi.

Les joueurs gardaient leur sang-froid, ce qui n'était pas évident. La plupart se connaissaient. Trois jours avant le match, des journalistes ont eu l'idée d'organiser une rencontre sous la forme d'un repas entre Pierre Albaladejo et moi, les capitaines respectifs des deux équipes. Ce repas eut lieu à Tartas, à mi-chemin des deux villes. Les questions fusèrent : « Comment vous sentez-vous ? » « Quelle est la forme de votre équipe ? » « Quelle tactique allez-vous employer ? » Les réponses étaient plutôt évasives. Nous nous sommes quittés avec une accolade, Pierrot « Bala » et moi. Nous étions amis depuis plus de dix ans et nous le sommes restés. « Bala » était le demi d'ouverture de l'équipe de France.

Coïncidence étonnante : l'US Dax et le Stade Montois s'étaient retrouvés dans la même poule cette saison-là. Dax avait remporté les deux matches, et chaque fois sur le même score : neuf points à six. Allions-nous pouvoir prendre notre revanche ? Rien n'était moins sûr.

Nous avons décidé de changer complètement de jeu pour désorienter nos futurs adversaires. On nous attendait en attaque : nous n'allions pas prendre de risque, sachant que les Dacquois avaient mis au point une défense sur Guy et sur moi. Il ne fallait pas leur donner l'occasion de nous contrer.

Le match eut pour théâtre le parc Lescure à Bordeaux. Il se déroula dans de mauvaises conditions : trente mille places vendues pour un stade qui en contenait vingt mille. Une grande partie des spectateurs ne pouvait voir le terrain et, lorsqu'on tapait en touche, des supporters gardaient le ballon, souvent plus d'une minute. C'était fâcheux pour le jeu mais compréhensible.

Il faisait très chaud, un orage menaçait. J'eus quelque appréhension lorsqu'à la sortie du tunnel l'arbitre vint se placer entre Bala et moi. M. Capelle, l'homme en noir, avait une bonne dizaine de kilos excédentaires. Il était loin de son poids de forme et n'arbitrerait pas au plus près des actions…

L'orage avait fini par éclater, à la fin d'un match crispant, émaillé de quelques « marrons ». Nous avons gagné par neuf points à six. Le même score inversé que lors des deux matches de poule… Seule comptait la victoire, la suprématie entre Landais était en jeu. Le rugby ne sortait pas gagnant, nous avions mieux joué contre Lourdes, mais le Stade Montois était enfin champion de France.

Je garde un souvenir fabuleux du retour à Mont-de-Marsan. Le bus était plein d'amis, en particulier de Guy. Antoine Blondin, Yves Darie, et bien d'autres qui le suivaient depuis longtemps et que je ne connaissais pas. Nous faisions une halte dans chaque village pour arroser la victoire, le chauffeur ayant eu la bonne idée de prendre une petite route départementale perdue dans l'immense forêt landaise. La première escale, à quelques kilomètres de Bordeaux, nous valut une bonne leçon d'humilité. Nous sommes tombés dans un bistrot de campagne dont les clients, accaparés par leur coinchée, ne savaient même pas que Mont-de-Marsan était champion de France.

Sore. Luxey. Un lunch était prévu chez un restaurateur de ce petit bourg de la Haute Lande. Le patron était un de nos supporters les plus acharnés. Il avait annoncé notre venue, des centaines de personnes nous attendaient. Je n'ai pas touché au foie gras, au confit et autres spécialités landaises. J'étais trop ému et les journalistes entretenaient l'énorme pression emmagasinée depuis des jours.

À notre arrivée à Mont-de-Marsan, des dizaines de milliers de supporters étaient massés dans les rues. Pendant deux jours ce fut la fête populaire. Pas de lycée, pas d'école pour les enfants. Jour de gloire pour ce modeste chef-lieu où d'habitude les sentiments ne s'extériorisaient pas. Dans l'euphorie du moment, je n'ai pas repensé à l'avis défavorable des dirigeants dacquois, dix ans auparavant.

Un titre se partage entre supporters et joueurs. C'est un moment de communion, la victoire efface les conflits et les malentendus. Nos supporters les plus acharnés, ceux qui venaient nous voir régulièrement chaque dimanche, étaient tous là. Ils avaient fait des dizaines de kilomètres pour assister à cet événement. Notre victoire était la leur. Elle devenait celle de tous, y compris de ceux qui nous avaient critiqués.

Alors que nous traversions la ville, nous eûmes la surprise de voir Jean Dauger, perdu dans la foule. Il était venu seul de Bayonne, ça m'a ému. En passant devant le bar de Guy, nous nous sommes arrêtés pour embrasser notre père. Toujours digne. Antoine Blondin était présent, jamais très loin de Guy qui lui avait donné son maillot. Il avait donc le numéro 13 sur son dos. Cet été-là Antoine couvrit le tour de France en portant ce maillot, maculé de la terre du stade de Bordeaux.

27
La vindicte des dirigeants

Au cours de ce même été, Guy créa à Mont-de-Marsan la « fête de la rue ». Pendant les fêtes de la ville, dites de la Madeleine, réputées pour leurs corridas, Guy installa devant son bar une estrade et fit venir trois jeunes musiciens. Il les avait dénichés au Pays basque. Deux frères : Henri et Gérard Daguerre, et un de leurs amis, Peyo Uruty. Henri, l'aîné, avait vingt ans, il jouait du trombone et de la trompette. Gérard n'avait que quinze ans et jouait du piano. Il était excessivement doué. Peyo tenait la batterie. Leur mère nous avait confié ses deux fils. Je venais aider Guy et surveiller en même temps ces deux jeunes. Il y avait tellement de monde que les consommations n'étaient pas toutes payées. Pour Guy ça n'avait pas d'importance. Son bar était un lieu de retrouvailles des joueurs de rugby pendant l'intersaison. Ils venaient de partout. De Pau, Tarbes, Bayonne, Dax, Biarritz, Bordeaux, Toulouse. J'y ai même aperçu le géant barbu Orluc, débarqué de Tulle avec d'autres équipiers. On ne pouvait que le remarquer, sa carrure sortait de l'ordinaire. Une ambiance chaleureuse régnait dans ce bar. Les fêtes duraient quatre jours et se terminaient tous les matins vers quatre heures.

Grâce notamment à Blondin et à Lalanne, Guy jouissait d'une légende de héros romantique dans les milieux artistiques parisiens. Il en faisait profiter ses amis. Par exemple, les frères Daguerre qui « montèrent » à Paris et y sont encore. Henri débuta avec Enrico Macias. Gérard devint le pianiste de Barbara et aujourd'hui, tout en accompagnant Charles Aznavour, il dirige l'opéra lyrique de Paris. Nous avons gardé des liens, nous les entretenons quand ils viennent en vacances au Pays basque. Ils me parlent avec émotion de la gentillesse et de la générosité de Guy. Ils aimaient Guy. Tout le monde l'aimait, il avait cette grâce.

Mon frère prenait goût à la vie parisienne, ce qui n'était pas mon cas. Loin des Landes, je me sens vite perdu et mes voitures n'ont jamais eu qu'un numéro numéralogique : le 40. Mont-de-Marsan, semblait-il, devenait trop petit pour Guy, il rêvait d'évasions dans des univers différents. Ainsi commença-t-il à fréquenter des écrivains. Il avait côtoyé Nimier avant sa mort (accident de voiture, comme Camus, comme Bob… et comme Guy). Il se lia d'amitié avec Kleber Haedens et surtout avec Antoine Blondin.

Je me souviens d'une nuit, après un match international. Je m'étais couché tôt, comme d'habitude. Guy m'a réveillé à quatre heures du matin pour m'annoncer qu'il venait de découvrir un endroit où aucun joueur de rugby n'était entré jusque-là. C'était chez Jean Castel.

Antoine Blondin l'y avait emmené. Jean Castel, originaire du Sud-Ouest, avait joué troisième ligne. Le rugby représentait à ses yeux le meilleur de sa jeunesse, et était resté une passion. Peu à peu, le monde du rugby prit ses habitudes dans ce lieu plutôt parisianiste. On y faisait des rencontres surprenantes. Pierre Brasseur, Pierre Barouh, Pierre Bénichou, Françoise Sagan et Anouk Aimée qui est restée une amie fidèle. J'y ai même rencontré Johnny Hallyday avec sa bande. Johnny était un adepte de la musculation et ses biceps saillaient sous son chandail. Jeannot Gachassin, toujours facétieux, a suggéré que nous nous affrontions au bras de fer. J'ai battu Johnny, après unc forte résistance. Je dois dire, sans forfanterie, que j'étais très fort à ce jeu-là, sans avoir jamais fait de musculation. Personne ne m'a jamais battu, ni Colin Meads, ni Alfred Roques, ni même Benoît Dauga. Je me revois, lors d'une nuit d'après-match, dans un bistrot des Halles — toujours avec Gachassin qui était notre manager pour ce qui avait trait à la vie nocturne. Il m'arrivait de vaincre quatre ou cinq forts des Halles, ce qui semblait paradoxal car j'avais l'image d'un « esthète » plutôt souple et délié que puissant.

Guy rayonnait. Antoine a écrit : « Guy était pour tous ceux qui ont eu la grâce de l'approcher l'un des plus beaux ornements de l'existence et, même s'il n'avait jamais touché un ballon ovale, il aurait été dans sa nature d'entrer dans la vie des autres comme le soleil se lève. » Cette phrase résume le naturel de mon frère. Il voulait connaître les gens, découvrir des lieux, des atmosphères. J'étais plus casanier, plus réservé, plus méfiant aussi. Son amitié avec Antoine m'avait inquiété au début, mais Antoine connaissait les limites à ne pas lui faire dépasser. Il me respectait et me craignait un peu, ça me rassurait. Je savais que Guy était heureux avec lui, c'était l'essentiel. Ils ont rendu certains endroits mythiques. Le Courrier de Lyon, Le Bar Bac, L'Auberge basque. Le rugby s'ouvrait à un nouveau monde, il devenait à la mode, un certain snobisme était en train de naître en cette première moitié des années soixante. Je n'en avais pas clairement conscience. Le mythe des « frères Boniface » a éclos dans ce contexte d'une « modernité » qui me concernait moins que Guy.

Le Tournoi de l'année suivante ne m'a pas laissé un grand souvenir car Guy était blessé. Les All Blacks sont venus en France et nous ont battus à Colombes par deux essais à zéro. Il y avait toujours Don Clarke, Tremain, Colin Meads, Whyneray, Gray, un superbe pilier, le Maori Waka Nathan qui débutait et fut un très grand troisième ligne. Il y avait aussi un demi d'ouverture également maori, Herewini, qui n'était pas sans rappeler Jean Gachassin par la vitesse et le gabarit (Gachassin n'était pas encore sélectionné).

À la fin de la saison, l'équipe championne de France de l'année précédente devait rencontrer l'équipe championne de Roumanie à Bucarest. La plupart des joueurs du Stade Montois n'avaient jamais disputé un match à l'étranger. On voyageait peu à l'époque et presque jamais derrière le rideau de fer. Cette petite balade internationale était bienvenue. Rugbystiquement, nous savions que ce serait une partie difficile. Les champions de Roumanie étaient tous internationaux, nous les avions rencontrés avec l'équipe de France, ils nous avaient posé des problèmes avec leur défense agressive. Malgré tout, nous comptions sur notre potentiel offensif pour les battre. Car je tenais à revenir de Bucarest avec la victoire : pour moi, aucun match n'était négligeable.

Impossible d'attaquer. Le temps était exécrable, il a plu pendant quatre-vingts minutes sans discontinuer. Le terrain regorgeait d'eau et était carrément impraticable. J'ai proposé de reporter le match au lendemain, ce qui nous aurait permis de rester une journée supplémentaire pour faire du tourisme. La réponse des dirigeants roumains fut négative. Je m'y attendais. Ce fut une pantomime de rugby, qui donna lieu à un affrontement excessivement rugueux. Impossible de faire trois passes successives. Donc aucune possibilité d'exprimer notre jeu offensif, ce qui n'était pas pour déplaire à nos adversaires, qui jouaient ce jour-là leur match de la saison.

Sur une des multiples phases confuses, un énorme pilier roumain a littéralement écrasé notre demi de mêlée Lestage qui devait peser soixante-cinq kilos, et lui a plongé la tête dans une énorme flaque d'eau. L'arbitre italien n'intervenant pas, j'ai volé au secours de mon pauvre coéquipier et, symboliquement, tapé du plat du pied dans l'énorme fessier du Roumain. Il fut tout surpris, lâcha sa prise et essuya son short d'un geste dédaigneux. Lestage en profita pour se tirer de cette mauvaise posture.

Ayant vu mon geste, l'arbitre m'ordonna de quitter le terrain. C'était la première fois et la seule de ma carrière que j'allais être exclu. Estimant que mon geste ne méritait pas cette sanction, j'ai refusé d'obtempérer. L'arbitre s'est incliné, le match a repris et s'est terminé dans la plus grande confusion. On ne distinguait plus la couleur des maillots complètement maculés de boue.

Personne ne se souvenait de l'incident, qu'on peut juger mineur. Il allait pourtant avoir des retombées graves. En effet, deux jours après notre retour en France, j'appris par la presse que j'étais puni : suspension de licence pour une durée de six mois. Les « gros pardessus » de la Fédération avaient sévi ! Au vu du rapport de l'arbitre, ils ont pris une décision qui sans doute leur faisait plaisir. C'était la mesure disciplinaire la plus grave encourue par un joueur. On ne m'avait même pas invité à fournir une explication. Être puni pour une soidisant brutalité était plus qu'un paradoxe : une absurdité. Je n'ai jamais eu l'idée de me battre sur un terrain et j'ai toujours détesté les manquements au respect que tout joueur doit aux règles. Je n'ai balancé qu'un « marron » dans ma carrière. Un seul, à Oyonnax. La victime était un troisième ligne qui m'avait plaqué plusieurs fois sans le ballon. Il est resté debout, impassible, alors que je ressentais une douleur et pour cause : mon pouce s'était déboîté. J'en ai déduit que ma droite n'était pas celle d'un bon boxeur. Néanmoins, mon adversaire a fini par s'écrouler, quelques secondes après, l'arcade ouverte, complètement K-O. Ce n'est pas une action dont je me sens fier. Mettons qu'elle a contribué à me donner une certaine confiance en mes capacités défensives.

Guy n'aimait pas davantage les bagarres. Mais il était courageux, et très vindicatif. Je le revois à Lourdes où nous affrontions la rude équipe de Tulle en phase finale. Le talonneur Astarie m'avait aligné d'un « marron » magistral et ouvert les lèvres. Je saignais. C'était plus impressionnant que grave mais le geste n'avait pas échappé à Guy. Il m'a accompagné avec le soigneur sur le bord de la touche. Puis, sur l'action suivante, Guy a quitté son poste de la ligne d'attaque, foncé vers Astarie et l'a proprement allongé. Pourtant, Astarie était un vrai dur et n'avait pas souvent rencontré des adversaires qui osaient l'agresser. L'esprit de fraternité, poussé jusqu'à l'esprit de vengeance, avait décuplé les forces de mon frère.

En principe, ces six mois de suspension comprenaient les trois mois d'intersaison (juin, juillet, août), ce qui aurait réduit la sanction aux trois premiers mois de la saison (septembre, octobre, novembre). Une tournée en Afrique du Sud était prévue en juillet. Je fus automatiquement évincé. Guy avait été sélectionné. Je n'ai pas cherché à l'influencer mais il a décidé de déclarer forfait.

Voilà que revenaient les moments difficiles. Ils n'eurent aucune prise sur notre fraternité. Comme avant, Guy et moi voulions croire qu'une bonne étoile finirait par se rallumer.

En 1965, le Tournoi débuta avec Guy et sans moi. Après deux défaites et quelques forfaits pour blessure (dont celle de Christian Darrouy, notre ailier), je fus sélectionné pour jouer contre le pays de Galles à Paris. Ce retour était dû au forcing de Jean Prat, entraîneur de l'équipe de France, et à une campagne de presse en notre faveur. L'acharnement de Denis Lalanne a été déterminant.

Cela faisait quinze mois que je n'avais pas joué en équipe de France. Guy apprit cette nouvelle avec une joie d'enfant. L'étoile ne s'était pas éteinte, il fallait qu'elle continue de briller.

Comme d'habitude nous avons pris en gare de Dax le train pour Austerlitz. Nous achetions des billets de troisième classe pour gagner quelques sous, nos frais de déplacement étant remboursés en première classe. La plupart des internationaux faisaient la même chose, aucun n'était fortuné. À l'hôtel Louvois, que j'avais connu en 1954 et où nous descendions toujours, le portier, ravi de me revoir, me demanda si j'avais passé de bons congés. Boutade amicale, que j'ai appréciée. Les « congés », je m'en serais passé.

Le retour des frères Boniface à Colombes alimentait les chroniques. Pour que je puisse jouer au centre avec Guy, le Palois Jean Piqué était passé trois-quarts aile. La presse épiloguait sur ce choix, nous avions des partisans et des adversaires. Les uns et les autres aussi acharnés. Durant les deux jours qui précédèrent le match, nous nous sommes isolés le plus possible pour éviter de gaspiller notre influx nerveux. Une énorme confiance m'habitait.

28

Une étoile brillait

Samedi 27 mars, quinze heures. Colombes était prêt pour la fête sous un soleil printanier. Dans le tunnel, Guy avait posé discrètement sa main sur la mienne. Encore un de ces moments impossibles à décrire. Moments privilégiés, d'une intensité inouïe.

J'avais prévu qu'à mon premier ballon je taperais un énorme coup de pied en touche pour montrer que j'étais capable de le faire. Sur le coup d'envoi, le ballon m'est tombé dans les mains. Les Gallois, qui venaient jouer le Grand Chelem, ne montèrent pas très vite. Je me suis lancé dans une contre-attaque sur une vingtaine de mètres. Passe à Guy qui plaça Piqué en position de débordement, lequel fut repris à quelques mètres de l'en-but gallois.

Le match était lancé sous les meilleurs auspices. Nous avons produit pendant trente-cinq minutes un rugby de démonstration. Les quinze joueurs étaient euphoriques. Nous avons pu démontrer que des années de travail technique n'avaient pas été inutiles. L'esprit du jeu qui nous animait s'exprimait pleinement.

C'était une équipe en fête. J'avais envie de croire qu'elle voulait fêter mon retour. Le capitaine était notre ami fidèle des « Cœurs Vaillants », Michel Crauste, guerrier irréprochable, superbe athlète, personnalité d'élite. Le feu follet qui allumait les attaques aux quatre coins du terrain était notre complice Jean Gachassin. Les avants Benoît Dauga (qui jouait désormais au Stade Montois), Walter Spanghero, André Herrero, Aldo Gruarin et les autres balayaient les Gallois sur leur passage.

Cette euphorie n'aurait pas été possible sans la complicité de l'entraîneur, Jean Prat en l'occurrence. La veille du match, il nous avait fait venir dans sa chambre. Il y avait Michel Crauste, Jean Gachassin, Guy et moi. Prat nous avait en quelque sorte libérés mentalement : « Demain les portes de l'attaque sont ouvertes, on va fêter le retour de Dédé. » On ne pouvait rêver une meilleure mise en confiance. Jean Prat savait parler aux joueurs. Dix années auparavant, j'avais joué sous son capitanat mon premier match international. Je me sentais bien sous son aile, j'avais confiance en lui.

À quelques minutes de la fin de la première mi-temps, nous menions par dix-neuf points à zéro. Nous avons marqué quatre essais dont deux signés par Guy. Le premier sur une contre-attaque de notre ligne de but. J'ai percé la défense galloise et suis arrivé aux cinquante mètres. Coup de pied par-dessus l'arrière gallois, Guy à la course avec Bebb, un ailier qui était aussi un sprinter. Mon frère avait un mètre d'avance au départ et a plongé sur le ballon dans l'en-but avec toujours ce mètre d'avance. Il n'avait jamais couru aussi vite, car c'était moi qui lui avais expédié ce ballon, comme on adresse un message.

Je reverrai toujours Guy allongé dans l'en-but, une main sur le ballon. Il s'est tourné vers moi avec dans les yeux une flamme merveilleuse. Cet essai, il l'avait marqué pour nous deux, pour notre famille, pour tous ceux que nous aimions.

Nous sommes revenus prendre notre place pour la remise en jeu, marchant côte à côte durant quelque quatre-vingts mètres. Nos corps se frôlaient, je n'ai pas les mots pour exprimer ce bonheur.

Quelques minutes plus tard, sur une touche dans nos vingt-deux mètres, Dauga a sauté, pris la balle. Ouverture directe sur les trois-quarts. Gachassin a créé un petit décalage, donné le ballon à Guy qui a percé et m'a adressé une passe dans le dos de mon adversaire. J'ai redressé mon corps, produit une accélération sur une cinquantaine de mètres. J'ai vu Guy à l'intérieur. Je lui ai offert ce ballon qu'il venait de me donner et devant l'arrière gallois il a fait une passe admirable de délicatesse, d'application à André Herrero. Essai d'Herrero entre les poteaux. Il y avait encore à ses côtés Michel Crauste, Jo Rupert, autre Landais, Benoît Dauga et aussi Jean Gachassin qui sautait de joie. Guy était par terre, littéralement pulvérisé par le plaquage de l'arrière gallois. Il avait sacrifié son corps après avoir fait la passe.

Cet essai est resté pour Guy et moi un symbole. Un ballon gagné par les avants, exploité par les trois-quarts, la phase de jeu conclue par ces mêmes avants, quatre-vingts mètres plus loin, c'était le jeu collectif auquel je me suis voué depuis mes débuts sous le maillot montois.

Quinze athlètes, des grands, des petits, des lourds, des légers, des rapides, des moins rapides avaient en quelques instants mis leurs qualités au service de l'autre : seul le rugby offre cette allégorie de la solidarité entre les hommes.

Il y eut le deuxième essai de Guy sur un très long départ des avants qui se firent cinq ou six passes. Le jeu rebondit sur les trois-quarts au milieu du terrain et après que le ballon eut passé dans les mains de Jeannot Gachassin, puis les miennes, Guy en bout de ligne, avec sa détermination habituelle, a marqué l'essai en coin. Le ballon était passé de mains en mains sur plus de cent mètres.

Le public applaudissait debout, sous le charme. Oui, en cet après-midi, une petite étoile brillait au-dessus du stade de Colombes. Elle brille encore dans ma mémoire.

Un incident vint rompre le charme. L'arbitre, un Irlandais, s'est blessé gravement au tendon d'Achille. Il a fallu l'évacuer et choisir un nouveau directeur de jeu par tirage au sort entre les deux juges de touche. C'est Bernard Marie (le père de Michèle Alliot-Marie) qui fut désigné. Je crois qu'il a craint que les Gallois prennent la raclée de leur vie. C'était parti pour ça. Marie nous a privés de ballon, il a ralenti le rythme fou qui avait débordé nos adversaires et en deuxième mi-temps nous n'avons marqué qu'un drop. C'était la première fois qu'un Français arbitrait un match du Tournoi et il a peut-être craint les réactions des Britanniques. Car les Britanniques régnaient en maître sur le rugby mondial et les anciens se souvenaient qu'avant la guerre, ils avaient tout simplement exclu la France du Tournoi des Cinq Nations.

Je nous revois sous le tunnel. J'ai embrassé mon frère. Des larmes ruisselaient sur nos joues. Les vestiaires étaient en fête, Jean Prat nous a discrètement félicités. Je lui ai dit que nous venions de jouer à la « lourdaise », ça lui a fait plaisir.

Retour à l'hôtel Louvois. Notre chambre était envahie par des amis et quelques journalistes, ceux qui pendant des années nous avaient soutenus. Ils n'étaient pas tellement nombreux. Denis Lalanne était aussi ému qu'un débutant. Il allait écrire des phrases mémorables sur ce match, en réglant au passage quelques comptes.

Guy était comme d'habitude peu expansif après les matches, mais sa conclusion fut lyrique : « Je savais que Dédé était le meilleur centre du monde. » Il le croyait vraiment. Trente années d'amour fraternel débouchaient sur cette apothéose. J'étais apaisé, pas très loquace pour une fois. Je n'avais plus rien à défendre. Je répétais la même phrase : « Il faisait très beau sur Colombes. »

Ce jeu, nous aurions pu, nous aurions dû le produire bien plus tôt. Dans la tribune d'honneur, les visages n'étaient pas tous épanouis. Aucun dirigeant n'est venu nous féliciter dans les vestiaires.

Les repas officiels étaient toujours fastidieux, mais pour les officiels, ces repas comptaient plus que les matches. Ils avaient toujours lieu à l'hôtel Lutetia, selon les mêmes rites. J'écoutais toujours les discours des capitaines. Celui des Gallois nous a rendu hommage. Il a demandé ironiquement pourquoi j'étais revenu jouer contre son équipe. Le discours de Michel Crauste sonnait juste, je retrouvais la sincérité du « Cœur Vaillant » de Saint-Sever. Il rendit un bel hommage à notre entraîneur, Jean Prat.

Vinrent les discours des présidents, que je n'ai jamais écoutés. Guy et Jeannot Gachassin non plus. Il y eut une séquence comique. La traduction du discours du président de la Fédération était assurée par un avocat devenu notre complice. Il nous avait montré le texte qu'il avait déjà préparé à l'hôtel, sans même lire celui rédigé par le président. Sa version consista en un éloge du vin rouge français, du champagne bien frappé et des filles de Paris qui feraient oublier aux joueurs gallois leur après-midi de Colombes. Les Gallois apprécièrent l'humour et déclenchèrent une ovation dans la salle, à la grande fierté du président de la Fédération. Il ignorait tout du changement de texte et croyait qu'on applaudissait la haute tenue philosophique de son discours.

Durant la nuit, je n'ai pas quitté Guy. Je lui avais promis de le suivre partout. Les deux Jean, Prat et Gachassin, Benoît Dauga et Michel Crauste qui comme moi n'était pas un familier des folles nuits, suivaient notre chef de bande. Guy était devenu notre guide dans le Paris des noctambules. Nous avons retrouvé ses compagnons. Antoine Blondin, entre autres. Je ne connaissais pas les amis parisiens de Guy. Bizarrement ils semblaient heureux de me rencontrer, avec une sorte de réserve. J'étais le grand frère trop sage. La nuit débuta au Courrier de Lyon, se poursuivit à L'Auberge basque et se termina chez Jean Castel. Au petit jour nous avons ramené Antoine qui habitait quai Voltaire. Il faisait avec Guy et Jeannot Gachassin des cadrages-débordements et des passes croisées sur le bitume du quai. La magie nocturne le métamorphosait, il était devenu le meilleur centre du monde. Quelle nuit ! Mais quel dommage qu'elle ait eu lieu si tard dans notre carrière !

Je ne puis m'empêcher de relire la chronique où Antoine évoque ce match :

« Dès l'ouverture du Tournoi des Cinq Nations, il apparut que le 27 mars 1965 marquerait une date capitale. Il se trouve effectivement que c'en fut une, mais pas pour les raisons que l'on croyait.

» Disons qu'ici ou là, le mérite en revient pour une grande part au retour d'un homme et Dieu sait pour autant si le rugby est aux antipodes du "one-man-show" mais dans la mesure où il est un état d'esprit, il convient de rendre à celui en qui cet esprit s'incarne, André Boniface, le seul joueur peut-être à savoir donner à son frère Guy ce diapason unique qui touche cinquante mille cœurs quand le besoin s'en fait sentir.

» Lorsque l'esprit du jeu s'identifie de surcroît à l'esprit de famille, on s'aperçoit vraiment que ce jeu est d'abord une manière d'être. C'est ce qui transparut en la personne des Boniface ce samedi 27 mars où l'on eût dit que l'équipe de France s'était faite belle pour les accueillir, comme eux s'étaient faits bons pour les honorer. La touchante affection qui unit en effet des jumeaux à la ville, leur complicité en fait des siamois sur le terrain. André l'aîné a la beauté un peu boudeuse des pâtres grecs. Le buste droit, son regard à facettes sous un front bouclé ne cesse d'ausculter la partie qui l'anime à une allure de statue brusquement surmultipliée. Mais cherche-t-il son frère, il le trouve. Guy, les chaussettes sur les talons, la mèche sur le front, a les charmes d'un faune qui terroriserait les défenses adverses sur un air de flûte de Pan.

» Il fallut un concours de circonstances de dernière heure pour qu'une ultime chance fût offerte aux Boniface de s'affirmer ensemble dans l'équipe de France contre le pays de Galles. Aussi quand Guy marque son premier essai sur un ballon adressé par André, le frisson des justes moralités agita-t-il les gradins. On sut qu'aux immenses accents de l'hymne à la joie entonnée par toute l'équipe, se mêlait la musique victime des revanches personnelles et des injures oubliées. Sous l'éclairage allègre dont elles ont fait leur foi, deux vies dévouées au rugby trouvaient leur consécration...[1]. »

Ce texte me touche au plus profond. Il commémore une journée à tous égards exceptionnelle. Qui mieux qu'Antoine, l'ami, le frère, le père spirituel de Guy, aurait pu ressentir avec autant de justesse nos propres émotions ? « Si j'étais jeune,

1. Extrait d'Antoine Blondin, *Ma vie entre des lignes*, Éditions de La Table Ronde, 1982.

j'aurais aimé mener une vie dans la perspective des Boniface. Je crois avoir été marqué par Guy ; que n'ai-je l'âge d'être transformé par André. Il me semble que je parle comme un essai. Tout au plus une ébauche. »

Lorsque Antoine écrivait ces lignes, en dépit d'un défaut bien connu, j'étais certain qu'il aimait Guy et que Guy était heureux en sa compagnie. J'avais confiance en eux, ils le savaient. Une confiance sous haute surveillance, ils le savaient aussi.

Après ce match, Antoine fut sollicité par *Paris-Match* pour un article. Il accepta sans être rémunéré, à condition qu'il y ait trois photos de Guy et de moi. Ainsi parut le premier reportage sur le rugby dans *Paris-Match*.

Le lundi, comme d'habitude, nous étions à Montfort. Ma mère nous avait préparé la traditionnelle escalope-purée et l'après-midi nous partions à la pêche aux goujons dans un endroit que nous aimions, à la chute du moulin de Gamarde. On entendait l'eau qui ruisselait, les oiseaux qui chantaient. Retour à la nature indispensable après les séjours à Paris. Mon père était apaisé, il attendait cette consécration depuis si longtemps.

« Comment tu as trouvé notre match ? » Réponse sobre, comme à son habitude : « C'était beau. »

29

La souscription publique

Guy, Michel Crauste et moi avions décidé que la saison 1966 serait celle de notre dernier Tournoi. J'avais trente-deux ans comme Crauste, Guy presque trente. Le premier match eut lieu en Écosse. Résultat nul. Je m'en souviens, parce qu'une agence de voyages dc Mont-de-Marsan, tenue par Mme Denthés, avait eu la gentillesse d'inviter mon père. Pour la première fois — et la dernière — nous avions demandé une place à la Fédération française de rugby. Pendant le match et par hasard, j'ai regardé l'immense remblai derrière la ligne de ballon mort, et j'ai aperçu mon père tout en haut de cette montagne humaine. C'était sûrement une des plus mauvaises places dans le stade. Il devait à peine nous voir, minuscules, mais je suis sûr qu'il distinguait nos maillots 12 et 13. Je dis à

Guy : « Regarde où est papa. » Nous en voulions aux « gros pardessus » confortablement installés dans la tribune présidentielle, cigare aux lèvres, assoupis, digérant un repas dirigeantesque. Il y avait cinquante mille spectateurs dans le stade de Murrayfield et le père de deux des trente joueurs pouvait à peine apercevoir ses fils. Le soir, lorsqu'il est venu nous retrouver à l'hôtel, Guy osa lui demander s'il était bien placé. Réponse toujours aussi sobre : « J'étais bien… Je vous voyais. » Il n'aurait pour rien au monde avoué qu'il était mal placé.

Le soir au banquet officiel, je me suis permis d'aller remercier les hauts dirigeants de la Fédération pour leur délicatesse. Ils n'ont pas apprécié. Une fois de plus je me les mettais à dos ; ça me laissait indifférent.

29 janvier, stade de Colombes. L'équipe de France bat l'Irlande avec deux essais de Christian Darrouy sur attaque classique avec le Lourdais Claude Lacaze, notre arrière intercalé. Le jeu de ligne avait parfaitement fonctionné.

26 février, stade de Colombes. La France affronte l'Angleterre. Nous savions que ce serait notre dernier match dans ce stade. Douze années

s'étaient écoulées depuis mes débuts dans la même enceinte. Mes adieux au public parisien furent réussis, nous avons gagné par trois essais à zéro. À dix minutes de la fin du match, Jean Gachassin a fait une superbe relance depuis nos cinquante mètres. Il perce et m'offre un ballon à hauteur des vingt-deux mètres que je vais déposer au milieu des poteaux. Marquer un essai n'a jamais été pour moi un but, mais celui-là me faisait chaud au cœur. Guy partageait mon bonheur, ainsi qu'Anny venue enfin assister à un match international. Elle avait regardé tous les autres devant le poste de télévision. Ce qui me fait penser à mon grand-père paternel Albert Boniface. Il ne connaissait rien au rugby. Il avait pour habitude, à Mugron, avec un copain, de faire le tour des bistrots. Les samedis de matches internationaux, il effectuait son même périple qui aboutissait dans le seul café pourvu d'une télévision. Il s'asseyait toujours au même endroit, dos tourné au poste. Ses copains lui demandaient pourquoi il ne regardait pas ses petits-fils. Il haussait les épaules. « Je sais qu'ils jouent bien. Je les verrai demain à la maison. » Ce grand-père était un personnage.

Le match à Cardiff, au printemps, contre les Gallois, clôturait le Tournoi des Cinq Nations. Il ne nous resterait plus qu'à jouer à Naples contre l'Italie pour en finir avec notre carrière internationale. Nos vrais adieux auraient donc pour cadre un stade magique, le fameux Arms Park. Nous voulions que ce soit une vraie fête. C'était dans le même Arms Park qu'à seize ans et demi un junior de l'US Montfort avait fait ses débuts sous le maillot frappé du coq.

La fête dura soixante-dix minutes. Nous menions par huit points (deux essais) à six (deux pénalités). Dans les vingt-deux mètres adverses, Jean Gachassin, sur une de nos dernières attaques, réalisa un superbe cadrage-débordement. La ligne de trois-quarts était complètement décalée. Jones, le vis-à-vis de Guy, le plaqua sans ballon. J'avais pu revenir à hauteur, à une quinzaine de mètres de Gachassin qui chercha mon frère. Ne le voyant pas, il essaya de m'adresser le ballon par une passe très longue, je n'avais plus qu'à l'attraper pour marquer entre les poteaux.

Hélas, l'ailier gallois Stuart Watkins tenta à la désespérée une interception et la réussit. Il déborda notre arrière Claude Lacaze et marqua l'essai de la victoire pour les Gallois. C'était un coup de malchance, rien d'autre. Kleber Haedens a immortalisé cet essai sur le plan littéraire au tout début de son roman *Adios*.

Jamais nous n'aurions imaginé les conséquences de cette défaite imméritée. Il y eut une réunion exceptionnelle des dirigeants. Jean Prat, bien qu'entraîneur en titre, ne fut pas admis à y participer, ce qui ne présageait rien de bon. Le jugement des « gros pardessus » fut sans appel : exclusion de l'équipe de Jean Gachassin, Guy et André Boniface. Les dirigeants avaient trouvé ce mauvais prétexte pour nous empêcher d'aller jouer un dernier match international à Naples. Les décideurs avaient décidé.

Jeannot et Guy étaient meurtris par cette mesquinerie. Moi, j'avais l'habitude, j'étais blindé. J'avais prévu de dire ce que j'avais sur le cœur aux « profiteurs » du système rugbystique. Ils n'avaient même pas eu le courage de nous informer, laissant aux journalistes le soin de s'en acquitter. Ils n'osaient même pas me regarder en face.

Ils ne m'ont jamais regardé en face.

Ainsi s'achevaient plus de dix années d'une carrière internationale qui, franchement, aurait mérité un autre épilogue. La manière fut peu appréciée par les gens du rugby. Les journalistes ont pris notre défense avec toujours Denis Lalanne en figure de proue. Le journal *L'Équipe* prit l'initiative de nous inviter à assister au match à Naples. Mieux : il lança auprès de ses lecteurs une souscription symbolique pour financer notre voyage. Chaque lecteur pouvait envoyer un franc au journal. Cet acte pour ainsi dire militant allait permettre à nos supporters d'exprimer leur révolte.

Des milliers d'anonymes envoyèrent à *L'Équipe* ce franc symbolique et l'identité de chaque donateur fut mentionnée dans le journal. Pendant une bonne dizaine de jours, une page entière fut consacrée à la publication de cette liste. En outre, *L'Équipe* organisa à son siège une réception en notre honneur et nous offrit des cadeaux. De sorte que nous avons effectué notre dernier déplacement en avion, avec les journalistes et quelques supporters. Au bout du compte, l'absurde « sanction » nous a fait sortir par une porte triomphale alors que nous aurions fini notre carrière entourés de nos seuls amis, comme tant d'autres.

Jean Prat et Michel Crauste ne revinrent jamais en équipe de France, eux qui furent probablement les deux meilleurs troisième ligne de toute l'histoire du rugby français — en tout cas depuis l'après-guerre. La dernière page d'un livre se refermait. Il y en aurait d'autres. L'esprit qui nous avait animés ne pouvait pas disparaître. Il n'a pas disparu. Jo Maso et Jean Trillo nous ont remplacés. Ils ont formé une paire de centres conforme à notre esprit. L'avenir du jeu en équipe de France était d'autant plus assuré que Gachassin, contre toute attente, allait être à nouveau sélectionné.

Les journalistes, constatant dans le style de Maso des similitudes avec le mien, le baptisèrent mon « fils spirituel ». C'était lui rendre un mauvais service et les ennuis ont vite commencé pour le pauvre Jo. Trillo et Maso étaient parfaitement complémentaires, le registre de Jean rappelant celui de Guy. Bref, leur « couple » ressemblait au nôtre. Ils l'ont payé cher. En huit saisons, Jo Maso ne disputa que vingt-six matches internationaux. J'avais beaucoup d'affection pour lui, je lui écrivais pour l'encourager, afin qu'il persévère et continue de prouver qu'il était le meilleur. Sa carrière ne reflète pas sa valeur. La profonde amitié née entre nous dure encore, nous avons toujours autant de plaisir à nous rencontrer, nous « sentons » les mêmes choses, ayant subi les mêmes épreuves parce que habités par le même esprit.

Il est regrettable qu'on n'ait pas laissé la paire Maso-Trillo s'exprimer plus souvent. La guerre sournoise contre le beau jeu continuait avec l'éternel alibi de l'« efficacité ». Comme s'il était fatal d'opposer le beau au rentable.

Exclus du Quinze de France, nous nous sommes consolés avec le Stade Montois, notre club, le laboratoire de notre jeu. Nous avons accédé aux demi-finales du championnat de France et surtout à la finale du challenge Du Manoir, contre Lourdes. Ce challenge, qui était le conservatoire de l'éthique du rugby, allait être disputé entre les deux équipes les plus soucieuses de cette éthique. Lourdes, notre exemple, continuait de perpétuer le jeu d'attaque.

Ce fut un des derniers matches au « vieux » parc des Princes, celui de la piste cyclable et des tribunes en bois. Il était comble, le jeu fut superbe, l'état d'esprit remarquable. Il fallait un vainqueur, ce fut Lourdes. Nous étions handicapés par l'absence de Benoît Dauga qui s'était fracturé la clavicule trois jours avant le match, lors du dernier entraînement. Depuis qu'il avait quitté Saint-Sever pour rejoindre le Stade Montois, le grand Benoît était la poutre maîtresse de notre paquet d'avants. Il avait tous les dons — force, adresse, détente, vitesse. Il fut un énorme champion à l'image de Crauste qui, ce soir-là, réalisa un match formidable. Nous avions pris beaucoup de plaisir durant ce match et donné du bonheur aux spectateurs.

L'esprit du challenge Du Manoir était respecté. Une surprise nous attendait lors de la réception d'après-match. Le président du Racing-Club de France, club organisateur du challenge, Alain Danet, un gentleman du sport, avait mal vécu notre éviction de l'équipe de France. Il nous régala d'une fête grandiose à La Croix-Catelan, haut lieu de la bourgeoisie sportive parisienne.

Les salons étaient entièrement décorés aux couleurs de nos deux clubs (rouge et bleu pour Lourdes, jaune et noir pour Mont-de-Marsan). La soirée fut exceptionnelle de convivialité et se termina par l'offrande d'un cadeau à Jean Prat, Michel Crauste, Jean Gachassin, Guy et moi, pour l'ensemble de notre carrière. Façon élégante de donner une leçon aux « Fédérastes » qui n'avaient pas été invités à cette fête.

Jean Castel, lui, nous avait invités à terminer la nuit dans son antre. Les joueurs des deux équipes étaient tous là, unis dans la fraternité du rugby avec Jean Prat et Antoine Blondin, qui n'avait pas revu Guy depuis l'épisode de Cardiff. Il ne le quittait pas. Il avait été aussi malheureux que nous et témoignait à Guy une affection débordante. De temps en temps, il s'approchait de moi, m'entourait respectueusement de ses bras en m'embrassant sur le front. Anouk Aimée, tout intimidée, était sous notre protection. Sa présence réjouissait les joueurs qui ne la connaissaient qu'à travers ses films, notamment *Un homme et une femme*. Il y avait Marie, l'amie de Guy, que j'adorais et qui allait devenir ma « petite sœur » pour la vie. Il y avait évidemment Denis Lalanne et Pierre Bénichou, fou de sport et surtout de rugby, qui est resté avec nous jusqu'à l'aube. Cette fête du rugby, le destin avait voulu nous l'offrir pour notre dernier match à Paris. Je ne l'ai pas oubliée. Je n'ai pas oublié non plus ceux qui nous avaient « exécutés » à Cardiff. Je préfère oublier en revanche ce chroniqueur qui s'était mal comporté avec Guy. Je l'avais juste bousculé ; sa chute lui avait valu une fracture de l'omoplate. Il était allé se plaindre dans un commissariat. De sorte qu'au beau milieu de la soirée je vis débarquer deux policiers qui me bloquèrent sèchement les poignets en m'invitant à les suivre. Ils m'ont demandé de décliner mon identité. Il faut croire qu'ils aimaient le rugby car, en apprenant qui j'étais, j'ai senti la pression se relâcher sur mes poignets. Ils ont tenté de dissuader l'« agressé » de porter plainte contre moi. Il n'a rien dit, j'ai cru que l'incident était clos.

Quelques jours plus tard, je recevais un appel de son avocat. Plainte pour coups et blessures. Au cours de l'été, Anouk Aimée est venue passer une quinzaine de jours chez nous, à Mont-de-Marsan avec son mari Pierre Barouh. Elle se reposait après un tournage, faisait les courses avec Anny et en fin de journée nous allions prendre un verre au club chez Guy. Ayant su par hasard que l'avocat était un de ses amis, elle est immédiatement intervenue et je n'ai plus entendu parler de cette affaire très minime.

Je m'entraînais toujours avec la même passion. Ma femme continuait à s'occuper de notre magasin qui avait pris de l'ampleur. Nous l'avions transformé en boutique de style anglais, avec un intérieur à trois niveaux. Notre clientèle allait au-delà de Mont-de-Marsan. Je m'impliquais de plus en plus dans la vente, mais pas du tout dans la comptabilité. Guy s'arrêtait au moins deux fois par jour pour bavarder. Le soir il s'absentait de son bar pour dîner avec nous. Il aimait retrouver François, son neveu.

Tout au long de cet été, nous nous sommes vus davantage que les années précédentes. Nous allions à Montfort au moins une fois par semaine. C'était un retour aux sources familiales, une replongée dans notre terroir. Guy en avait besoin autant que moi. Peut-être davantage.

Nous allions consacrer la saison qui débutait à notre club. Les supporters étaient ravis. Désormais ils nous auraient pour eux, seulement pour eux. Au mois de novembre nous étions premiers de notre poule ayant gagné tous nos matches. Guy s'est blessé à l'épaule et n'a pu jouer aucun des dimanches du mois de décembre.

Son retour dans l'équipe était prévu pour le 31 décembre, à l'occasion d'un match amical contre Orthez…

30

Vivre sans lui

Vivre une autre vie, sachant que je ne reverrais plus jamais Guy, paraissait au-dessus de mes forces. Je ne pouvais pas accepter la fatalité. Tout s'embrouillait dans mon esprit. Je revivais les instants fatidiques, j'aurais voulu pouvoir les effacer. Ou les infléchir. La réalité me rattrapait, il fallait accepter ce mauvais sort. J'étais complètement détruit.

Trente années de bonheur, d'amour, de partage. Trente années sans une seule ombre sur ce qui nous unissait. J'étais un corps sans âme. Je passais des journées entières sans sortir de ma maison. Ma famille m'entourait, mais la vie s'était éteinte. Je m'accrochais à la tendresse des miens, sachant qu'ils souffraient de me voir dans cet état de léthargie.

J'allais un jour sur deux à Montfort. Je me rapprochais de Guy et j'apportais un peu de réconfort à mes parents. J'essayais de me montrer courageux devant eux, leur vie ne tenait plus qu'à moi et à notre famille. Je ne pouvais pas croire que je ne reverrais plus Guy. À tout instant, je revoyais les derniers moments. Impossible d'admettre que tout s'était arrêté.

Pourtant, tout s'était arrêté. Je me sentais vide. Mon épouse montrait beaucoup de courage, elle me protégeait autant que possible. Elle savait néanmoins que j'étais incapable de retrouver la moindre sérénité. Corinne avait douze ans. Elle partageait ma peine. Guy était un oncle merveilleux, elle l'aimait beaucoup. François est né un 31 décembre. Son jour d'anniversaire ne se fêtera jamais sans un voile de tristesse. Guy était heureux d'être son parrain. On avait déjà emmené François voir quelques matches à Mont-de-Marsan. Il nous attendait à la sortie des vestiaires et se précipitait vers nous dès qu'il nous voyait. Guy le prenait dans ses bras, il était fier de son filleul.

Peut-être Guy pensait-il que François, conseillé par son père et son parrain, et en prenant le meilleur de chacun, ferait un bon trois-quarts centre. Nous n'en avions jamais parlé. Je n'y pensais pas du tout.

Je continuais à aller à Montfort. Un jour j'ai trouvé devant la tombe quatre amis de Guy qui travaillaient. Ils avaient demandé à mes parents l'autorisation de procéder à quelques aménagements pour témoigner leur fidélité. Deux jours après, la tombe était transformée. La grande plaque centrale était entourée de gazon, et la tombe, d'un rectangle en fer forgé, formé de ballons ovales. C'était un petit terrain de rugby. Ils avaient fait ça avec leur cœur, parce que Guy était leur ami.

Mes parents, qui allaient tous les jours au cimetière, ont entretenu ce gazon jusqu'à leur mort. Jamais nous n'avions foulé une pelouse aussi belle.

Peu de temps après l'accident, les joueurs du Stade Montois décidèrent de demander aux élus municipaux de rebaptiser le stade au nom de Guy Boniface. Ils avaient rencontré le maire et leur demande devait être soumise à délibération lors d'une prochaine réunion du conseil municipal. Ce fut un point de l'ordre du jour. Bizarrement les conseillers votèrent à bulletin secret. Réponse négative par deux tiers des voix. Scandalisés, nos copains se rendirent à la mairie et exprimèrent leur écœurement.

Je n'étais pas au courant de leur démarche car ils espéraient me faire une agréable surprise. J'étais tellement peu réactif à tout événement extérieur que cette mauvaise manière me laissa complètement indifférent. Je devais réaliser quelques années plus tard ce que révélait cette ingratitude. Est-ce prétentieux d'affirmer que, sans les résultats du Stade Montois et la notoriété de ses internationaux, peu de Français auraient connu la ville de Mont-de-Marsan ?

Ma vie continuait au même rythme : maison, famille, Montfort. Je recevais des dizaines de lettres de sympathie chaque jour. Je répondais immédiatement. Ces mots d'inconnus me réconfortaient. Chacun essayait de me donner du courage, tous me parlaient de Guy, ils l'avaient compris sans l'avoir connu. Aujourd'hui encore, presque quarante ans après, je corresponds toujours avec quelques-uns de ces supporters lointains et anonymes. Parmi eux, un ancien docker de Port-la-Nouvelle, Joseph Adria. Nous l'avions rencontré une seule fois lors d'un match à Narbonne. J'avais été surpris en voyant ce colosse défendre notre style de jeu, on s'attendait plutôt à ce qu'il admire les combats d'avants, surtout au pays des frères

Spanghero. Il n'osait pas nous approcher. Nous l'avons abordé. Il nous a serré la main avec une force décuplée par le bonheur. On l'a pris en charge, il est entré avec nous dans les vestiaires et s'est assis entre Guy et moi pendant la préparation du match. Il est sorti du vestiaire avec les joueurs, marchant entre nous deux parmi la foule. Il m'écrivit le soir même. Son orthographe était particulière, mais les mots et les phrases étaient émouvants.

J'ai appris par sa femme qu'il avait placé des photos de Guy et de moi sur un mur de la salle à manger. Aujourd'hui cet homme qui fut une force de la nature, usé par son travail, est très fatigué. Je lui téléphone régulièrement et il termine toujours notre conversation par cette phrase : « Merci, André. Tu me redonnes envie de vivre. » Je raccroche toujours avec une certaine émotion.

C'est tout de même étrange, pour deux joueurs de rugby, en un temps où ce sport était encore amateur, et ne touchait guère que la moitié sud de la France, d'avoir suscité autant d'engouement… ou d'animosité. Depuis l'accident de Guy, une cohorte invisible de supporters me témoigne de la ferveur, soit en m'écrivant, soit en m'abordant dans la rue. Pourtant ma carrière remonte aux années cinquante et soixante — et la mémoire des gens est de plus en plus courte.

Un exemple parmi d'autres : ce fabuleux personnage qui s'appelle Georges Barthomeuf. À vingt-cinq ans, il était ingénieur dans le textile à Roanne, sa ville natale. Il suivait notre carrière depuis son plus jeune âge. Il nous rencontra à Vichy, lors d'un match de seizièmes de finale du championnat de France. Nous jouions contre Valence. Il osa timidement venir vers nous et s'approcha d'abord de Guy qui le prit sous son aile. Il passa en notre compagnie les heures d'attente du départ de notre train. Il participa au dîner avec l'équipe et les amis que nous embarquions au hasard des villes où nous jouions. Il y avait toujours, noyés dans la cohorte des supporters locaux, des supporters du Stade Montois qui n'étaient pas landais mais se faisaient une certaine idée de notre jeu et désiraient nous témoigner leur admiration.

Georges ne dit pas un mot, il écouta religieusement nos discussions. Il nous accompagna à la gare. Au moment du départ, son regard trahissait un mélange de joie et de peine.

Durant les semaines qui suivirent, nous l'avons retrouvé dans toutes les villes où nous jouions, à Agen, à Tarbes, à Romans, à Clermont-Ferrand…

Il nous attendait à la sortie du match et restait avec nous jusqu'à notre départ. Sa femme était toujours avec lui.

Cette persévérance finit par nous intriguer. Comment pouvait-il se trouver tous les dimanches dans la ville où nous jouions ? La réponse est simple : il avait quitté son métier, acheté un camion et était devenu marchand ambulant. Le samedi, il débarquait dans la ville où aurait lieu notre match. Il ouvrait son camion, déballait sa marchandise et travaillait le dimanche matin. Puis il se rendait au stade avant de nous retrouver au siège du club local. Il devint notre invité d'honneur. Au bout de quelques années, il vint s'installer à Mont-de-Marsan. Alors, ses visites furent quotidiennes. Plus tard, il devint entraîneur des cadets, puis acheta un bar. Il aurait aimé tenir le bar de Guy. C'était son rêve, mais par pudeur, il n'avait jamais osé m'en parler. J'ai regretté qu'il n'ait pas osé prendre cette décision ; en allant le retrouver, j'aurais retrouvé un peu de ma jeunesse avec mon frère.

Un certain Marc Reyre, qui habite Cavaillon, m'a écrit durant des dizaines d'années. Il y a huit ans, il a décidé de venir me rencontrer. Nous avions pris rendez-vous devant le stade d'Hossegor. Il m'attendait avec sa compagne. Depuis deux jours ils séjournaient à Montfort, dans un hôtel tout proche de la maison de mes parents. Comme s'il avait voulu retrouver les traces de notre jeunesse. Il venait là comme en pèlerinage. Je les ai rejoints, nous sommes allés devant la tombe de Guy et il était aussi ému que moi. Depuis, nous sommes restés en contact.

Des dizaines de personnes que je n'ai jamais rencontrées m'écrivent régulièrement. Ces lettres postées des quatre coins de la France, et quelques-unes de l'étranger, forment dans mon esprit une sorte de confrérie invisible. En toute innocence, en toute inconscience, mon frère et moi avons incarné des valeurs auxquelles certains restent attachés. C'est en vieillissant que j'en ai pris conscience. Quelles valeurs ? Un certain romantisme. L'amour du jeu dans la pure gratuité. L'amour du beau jeu, l'élégance — cette esthétique qui m'obsédait. L'amour tout court, entre deux frères — et la tragédie de l'accident de Guy a montré, par l'horreur, combien nous étions indissociables. J'ai dû incarner aussi un certain esprit de révolte contre l'injustice, bien français : se sentir solidaire des Boni en pensant au chef de bureau borné, à l'adjudant sectaire, au politicien pas très clair.

Les années ont passé, les décennies. Le monde a changé, le sport aussi. Sans doute, les anonymes qui m'écrivent cultivent la nostalgie de ces débuts des années soixante, une époque d'insouciance, d'innocence, de cette joie de vivre que Guy avait le don de faire jaillir spontanément.

Enfin, sans nous connaître, les amateurs de rugby devaient sentir que nous étions des Landais tout simples, issus de la terre, attachés à notre famille, à notre village, à notre club, pas du tout riches et absolument désintéressés. Le rugby français a été pendant un siècle un sport de villages et de villes moyennes, la plupart des joueurs restaient fidèles au club où ils avaient débuté, les « mercenaires » étaient rares.

Il a fallu des mois pour que mon épouse et mes enfants me permettent de retrouver le goût de vivre et un minimum de sérénité. Rien n'aura plus compté dans ma vie que les sentiments familiaux.

Le rugby ne me concernait plus. Je ne lisais pas les journaux. Je ne regardais pas les matches internationaux à la télé. Le week-end, nous allions à Montfort et le dimanche j'allais à la pêche avec mon père. La nature nous apaisait. Au cimetière, je découvrais sur la tombe de Guy des fleurs déposées anonymement, c'était un réconfort, je me sentais moins seul. Les équipes qui venaient jouer sur le stade Guy-Boniface allaient déposer une gerbe avant le match. Nous étions sensibles à ces gestes.

Jamais la Fédération française de rugby ne s'est manifestée depuis le jour de l'accident. Peu m'importait, j'avais dépassé le stade de la révolte.

Peu à peu, j'ai retrouvé les sensations élémentaires de la vie quotidienne. Je passais au magasin et bavardais à nouveau avec les Montois qui m'abordaient gentiment. Une pudeur les empêchait de me parler de Guy. Ils n'osaient pas. J'en souffrais, car j'avais peur de l'oubli. Rien ne me fait plus peur que l'oubli.

Au mois de mai 1968, pendant les fameux « événements », j'ai appris qu'un pèlerinage était organisé à Lourdes pour les malades du département des Landes. Je me suis inscrit comme brancardier. Retour émouvant dans cette ville où nous avions fait notre premier camp de « Cœur Vaillant », puis, à l'âge adulte, joué des matches de haut niveau au stade Antoine-Beguère (le grand-père de Philippe Douste-Blazy). C'est à Lourdes que, pour la première fois, nous avions joué à guichets fermés et j'y comptais plusieurs amis : Michel Crauste, les frères Prat, Martine, Barthe, Rancoule. Ils n'ont pas su que j'étais là, je voulais me dévouer entièrement à ma tâche.

Ces huit jours furent difficiles ; pour la première fois je quittais ma famille. Ils m'ont permis de découvrir la foi et le courage des malades. Certains venaient chaque année. Ils étaient pleins d'espérance, tout en acceptant leur sort, et nous remerciaient avec délicatesse.

On commençait la journée à cinq heures du matin, elle se terminait vers vingt heures. Parmi les malades, il y avait des connaisseurs du rugby. Ma présence les surprenait. Je discutais avec eux, je revivais notre carrière. Comme les Montois, ils n'osaient pas me parler de Guy. Il faut avoir connu cette expérience pour prendre conscience de la souffrance physique. J'admirais la volonté de ces malades, leur lutte contre la douleur, leur ténacité morale. Ils me donnaient une leçon de vie salutaire. Grâce à eux j'ai mieux compris qu'il fallait savoir se mettre au service des autres. Sans le partage, la vie n'a pas de sens. Nous nous sommes quittés avec émotion. Leurs remerciements m'allaient droit au cœur mais c'était moi qui devais les remercier, ils m'avaient redonné le courage de vivre pour aider et aimer les autres.

Enfin un bonheur vint ensoleiller notre vie : un troisième enfant, Hélène, née le 23 juin 1969. J'avais promis à ma femme, le rugby se conjuguant au passé, de m'occuper d'Hélène davantage que de Corinne et de François. En fait, je ne les avais pas vus grandir et j'en éprouvais des remords.

Un samedi après-midi, quelqu'un a sonné à la porte de notre maison. J'étais assis dans mon fauteuil, prostré dans un demi-sommeil. Je suis allé ouvrir. C'était Michel Crauste et son fils qu'il tenait par la main. Je ne recevais pas beaucoup de visites ; celle-là m'a fait un énorme plaisir. Michel incarne la droiture et la fidélité, c'est un homme dont on est fier d'être l'ami.

Il était venu voir son frère qui habitait Mont-de-Marsan et ne voulait pas repartir à Lourdes sans m'avoir embrassé. Nous avons bavardé, évoquant nos souvenirs de jeunesse, le pèlerinage à Lourdes avec les « Cœurs Vaillants », les cent coups de mon frère.

Soudain, il se leva. Il était quinze heures et quelques minutes. Il a appuyé sur le bouton d'allumage de la télé. Je fus surpris par cette audace, venant de l'homme le plus discret, le plus délicat que je connaisse. Une image apparut. C'était un match du Tournoi des Cinq Nations. Je ne savais même pas qu'il avait lieu.

Michel s'est assis sur le bord de mon fauteuil et m'a pris par l'épaule. Pour la première fois depuis le 1er janvier 1968 j'ai revu un match de rugby, sans éprouver une émotion particulière. La présence de Michel y était pour beaucoup. Elle me rassurait. Je me sentais bien en sa compagnie. J'ai regardé le match sans grande conviction, les phases de jeu défilaient comme s'il s'agissait d'un film dont les dialogues auraient été en langue étrangère.

Toutefois, ce déclic allait provoquer une relance dans ma vie. Denis Lalanne me demanda de donner une interview pour la télévision. Je ne pouvais refuser cette requête au compagnon fidèle qui avait partagé nos joies et nos désarrois. Ce fut ma première apparition publique depuis l'accident de Guy.

Mon entourage sentait que je commençais à revivre normalement. Le rugby reprenait une place dans ma vie. Ce nouvel état d'esprit réjouissait mes enfants. Ma femme était vaguement inquiète. J'avais promis de m'occuper d'Hélène.

Le besoin de faire du sport est revenu presque malgré moi. Des amis m'ont entraîné vers le tennis. J'ai senti mon corps vibrer, presque comme avant. J'ai fait une courte carrière de tennisman, obtenant en un an un honnête classement — 15/1 — qui m'a permis d'affronter quelques bons joueurs de la région.

La saison de rugby a débuté. J'hésitais à aller au stade. Ma femme m'y a encouragé et, enfin, je me suis décidé à retrouver en « Barbe d'Or » un lieu habité par une foule de souvenirs.

Je suis arrivé quelques minutes après le coup d'envoi, j'ai pris place dans un virage, loin des tribunes, et j'ai quitté le stade avant la fin du match.

Personne n'osait venir me saluer. Les dimanches suivants, des amis m'ont prié de les accompagner dans les tribunes. Mais pas dans l'officielle.

Au cours de la semaine, ces amis venaient au magasin, nous parlions du match que nous avions vu. On voulait connaître mes impressions. Progressivement, la passion revenait. L'équipe du Stade Montois avait beaucoup changé. Il ne restait de notre époque que Benoît Dauga, Félix Martinez et Jean Leglize. Le club avait « consommé » en deux ans deux entraîneurs venus de l'extérieur. Ils ne possédaient pas la culture de notre jeu. Le Stade Montois avait perdu l'identité qui suscitait des enthousiasmes dans tous les stades de France. On sentait un mécontentement latent. Plus d'âme dans l'équipe, aucune flamme chez les spectateurs. Je ne pouvais que le déplorer.

31

Entraîneur… joueur

La saison s'est terminée dans la plus grande indifférence. À ma grande surprise, une délégation de dirigeants et d'anciens joueurs est venue me voir. Avais-je des idées pour sortir le club de l'ornière ?

Mon premier réflexe fut de leur conseiller de trouver un entraîneur parmi les anciens joueurs. Au moins, l'état d'esprit serait sauf. En me quittant, ils paraissaient rassurés de découvrir que j'étais toujours attaché à la vie du club, et navré de constater la perte de son prestige. Des années de travail avaient été dilapidées. Quelques jours plus tard, le président Pédarré me téléphona pour m'inviter à un repas à l'hôtel des Pyrénées. Je refusai : c'était le restaurant où nous allions avant et après les matches, je me sentais incapable d'y revenir sans Guy. Nous avons pris rendez-vous dans une salle au stade. J'y ai retrouvé les mêmes dirigeants venus chez moi quelques jours auparavant.

La discussion fut brève. Ils avaient cherché un ancien joueur pour entraîner le Stade Montois et n'avaient pas trouvé la personne qui leur aurait convenu. J'avais déjà compris le but de cette entrevue. Sans plus tergiverser, ils m'ont demandé si je pouvais être cet homme providentiel. Je leur ai demandé un délai de réflexion.

On imagine mon dilemme. J'étais tourmenté et indécis. Ma femme avait compris d'emblée, elle m'a conseillé de bien réfléchir. Je savais qu'en toute hypothèse elle serait là pour me comprendre et m'aider.

Le lendemain je suis allé à Monfort. Je voulais poser la question à mon frère, j'espérais qu'il me donnerait la réponse. Hélas, comme toujours devant sa tombe, je retrouvais ce lourd silence. Pourtant, j'eus l'impression de recevoir un message, j'ai ressenti un soulagement. Guy était favorable à ma décision et il m'a semblé que nous serions deux pour accomplir cette tâche d'entraîneur.

J'ai demandé son avis à mon père : « Je serai d'accord avec toi, quelle que soit ta réponse et je sais que Guy le sera aussi. »

La ville s'est mise à bruisser de rumeurs. Personne n'osait me demander s'il était vrai que…

Au début du mois de juin, j'ai annoncé aux dirigeants que j'acceptais. Pas question de la moindre rémunération, il s'agirait de bénévolat intégral. Je souhaitais que le secret soit gardé jusqu'au premier entraînement. J'ai entrepris un entraînement personnel rigoureux, désireux de me présenter aux joueurs dans une condition physique convenable.

Il y eut des instants difficiles. Lorsque je me suis baissé pour ramasser mon sac de sport. Lorsque je suis revenu sur les lieux de mes footings. Je courais avec des larmes plein les yeux. Dix fois, vingt fois, j'ai failli renoncer. Une force intérieure me disait de continuer. Je voulais croire que Guy m'aidait, qu'il m'accompagnait à sa façon.

Le premier entraînement eut lieu en juillet, pendant les fêtes de la Madeleine, ce qui surprit. Une trentaine de joueurs étaient présents. Je leur ai annoncé d'abord que je ne serais pas un compagnon de fête. Ils comprenaient pourquoi. Mais j'essayerais de leur donner le plaisir du jeu.

Hormis Dauga, Martinez et Leglize, les autres joueurs me connaissaient sans m'avoir approché. J'ai senti, chez ces jeunes, de la confiance, du respect et une énorme envie d'apprendre.

Lors d'une réunion officielle avec les dirigeants, j'ai annoncé que je m'occuperais exclusivement du domaine sportif, mais seul. Cette prise de position n'a pas dû plaire à tous.

Le jeu que je voulais remettre en place allait demander de la patience, de l'indulgence. Les progrès seraient lents.

Lorsque je prenais la route de Montfort, j'étais presque heureux. Mais dès que j'entrais dans le cimetière, une angoisse m'envahissait. Autour de la tombe, toujours ce même silence. La campagne était superbe, on apercevait au loin la chaîne des Pyrénées. Je me retournais, je regardais le clocher de l'église où nous avions été enfants de chœur. Comment croire que Guy était là, que tous les soirs il entendait à la même heure les cloches sonnant l'angélus, que ce rituel était immuable et que toute ma vie je repartirais le cœur déchiré ?

Mon père m'accompagnait. Nous restions longtemps, sans prononcer une parole. Ma mère n'a jamais voulu venir, elle ne pouvait pas supporter mon chagrin.

Mon père ne me parlait pas des entraînements, il attendait les premiers matches pour connaître mes réactions.

Mon activité d'entraîneur nous obligea à prendre une employée supplémentaire pour tenir le magasin. Nous venions de faire construire une maison selon le goût de ma femme. Elle était perchée sur une petite colline, une des rares à Mont-de-Marsan. On apercevait toute la ville en contrebas. Pour y accéder, il fallait emprunter deux chemins. Le premier s'appelait « Le chemin de l'évasion », il était traversé par une voie ferrée qui délimitait durant la guerre la zone occupée et la zone libre. Le deuxième chemin s'appelait « Le chemin du petit bonheur », j'ignore pourquoi. Du coup, notre maison avait été baptisée la « Maison du petit bonheur ». Malgré des peines et des déceptions, nous y avons été heureux. C'était un bel endroit avec des arbres magnifiques, des pins, des chênes, des châtaigniers. À l'automne j'y trouvais des cèpes, c'était encore un flash-back sur notre enfance : avec Guy, nous connaissions toutes les forêts de chênes de Chalosse et la cueillette des champignons était une de nos passions.

Les deux chemins étaient privés ; en les empruntant, je retrouvais le calme et la paix dont j'avais besoin. Le stade se trouvait environ à cinq minutes à vol d'oiseau. J'entendais les coups de sifflet de l'arbitre (toujours trop nombreux à mon goût), les clameurs du public et mon imagination me disaient que le Stade Montois venait de marquer un bel essai. Je n'étais pas coupé du monde du rugby.

Mon premier match comme entraîneur eut lieu à Perpignan. Ce fut plus difficile que lorsque je partais jouer contre les Blacks, les Anglais, les Irlandais, etc. J'allais laisser ma femme et mes enfants pour la première fois pendant deux jours. Anny me prépara mon sac de voyage. Il y manquait mes chaussures de rugby. Elle m'emmena au stade, lieu de rendez-vous pour le départ. Je suis monté dans le bus, comme je l'avais fait des centaines de fois. Sans éprouver le même bonheur.

J'ai pris place au fond du car et, durant le voyage, le film de ma vie s'est déroulé dans mon esprit. J'étais malheureux, j'avais hésité à monter dans ce bus. Une force en moi exigeait que je surmonte cette souffrance. Je me sentais vide. Et seul.

Les joueurs supportant mal les voyages, je les avais fait placer à l'avant, ce qui ne plaisait pas forcément aux dirigeants. Ils aiment toujours siéger aux premiers rangs. C'était une petite revanche symbolique sur les « gros pardessus » de la Fédération. L'arrivée à l'hôtel donna lieu à la distribution des chambres. Comme je l'avais toujours fait, je pris une chambre avec un grand lit. Il était devenu trop grand.

Mon premier geste fut de déposer notre photo sur la table de nuit. Loin des miens, je ressentais un immense vide. Comme chaque soir depuis ce 1er janvier, je pris un somnifère, mais ne m'endormis qu'au petit jour.

J'essayais de meubler mon esprit en pensant à la préparation du match. Mon discours d'avant-match fut sobre. Je sentais que j'étais compris. Je parlai surtout aux joueurs du plaisir qu'ils allaient prendre en s'exprimant dans un bel esprit. Quel que soit le résultat, je serais satisfait s'ils avaient donné le meilleur d'eux-mêmes au service du jeu collectif.

Nous avons perdu, sans avoir à en rougir. Notre jeu se déroula comme nous l'avions prévu, ce qui valut aux deux équipes d'être englobées dans les mêmes éloges. Je n'aime pas perdre, mais il faut savoir perdre pour parvenir à gagner.

L'équipe était très jeune. Les joueurs furent surpris par mes réactions. Je les ai encouragés à persévérer car j'avais pris du plaisir, malgré la défaite.

Je retrouvais les rituels d'avant, les arrêts du bus pour se détendre ou se restaurer. J'attendais patiemment au fond du bus.

Le mardi suivant, premier compte rendu d'un match. Il n'y avait pas de vidéo, il fallait donc mémoriser les actions, on ne pourrait plus les revoir. La vidéo a fait perdre l'usage de la mémoire.

Écouter, regarder, emmagasiner : telle est l'école de base de tout homme. Celui qui possède ces trois qualités sera le plus fort dans la vie comme dans le sport.

Ma première séance de critique du match a dû surprendre. Le positif était relevé rapidement, avec les compliments mérités. Je m'attardais plus longuement sur les aspects négatifs. Les joueurs ont vite compris qu'il fallait répéter inlassablement les actions qu'ils avaient manquées. Le credo de mon entraînement était la passe. Pour moi, il ne peut y avoir du rugby qu'à travers les passes. C'est le plus beau jeu collectif, à condition que chacun sache offrir le ballon à son partenaire.

C'était une équipe de gamins, Pierre Castaignède (le père de Thomas) avait seize ans et demi, Patrick Nadal, dix-sept ans et demi, Michel Gardéra, dix-sept ans et demi, Jacques Dumartin, dix-huit et demi, Jean Jouglen, dix-huit ans et demi. Ils arrivaient au stade en Solex, le sac de sport posé entre les jambes. Le gardien ne voulait pas les laisser entrer. Ils affirmaient qu'ils allaient jouer le match de l'équipe première. Il ne les croyait pas. On venait me chercher et je les faisais entrer, mais le même gardien ne les reconnaissait pas le dimanche suivant.

Je n'étais pas revenu dans les vestiaires du Stade Montois depuis l'accident et j'appréhendais ce moment. Un vestiaire de rugby est très particulier. Tous ceux qui ont joué, à n'importe quel niveau, savent qu'il y règne une ambiance faite de complicités, sans oublier les superstitions. Chacun a son endroit réservé et on ne doit pas changer ses habitudes. C'est dans un silence presque religieux que l'on se prépare. La concentration est capitale. Il y a cette odeur d'huile camphrée et ce bruit des crampons sur le sol cimenté. Des années après avoir arrêté de jouer, si l'on entre dans un vestiaire, on retrouve ces sensations intactes, elles ravivent les souvenirs. Chaque joueur se place par affinité à côté d'un autre, c'est une affaire de confiance réciproque.

Les vestiaires du Stade Montois n'étaient pas très grands, nous étions serrés les uns contre les autres. Guy et moi avions pour habitude de prendre place dans le coin droit en entrant. Les quarante minutes de préparation étaient des moments de communion. La confiance s'amplifiait à l'approche du match. Nous sortions du vestiaire les derniers, après une bise fraternelle.

Autant dire que j'appréhendais ce premier match à Mont-de-Marsan. Les joueurs étaient entrés avant moi et, lorsque j'ai poussé la porte, ils étaient tous debout et m'ont applaudi chaleureusement. Ils regardaient en l'air. J'ai suivi leur regard. Une photo géante de quatre mètres sur trois était fixée contre le mur, face à l'entrée. C'était Guy en action. La photo exprimait sa personnalité sportive : la volonté alliée à la technique.

Cette photo est toujours au même endroit et Guy semble le protecteur des générations de joueurs qui se sont succédé. Il le sera encore des suivantes.

J'ai donc affronté ce moment avec le courage dont j'étais capable. Une épreuve était franchie. Il y en aurait d'autres.

Nous avions perdu nos cinq premiers matches. Ma femme me sentait un peu découragé et s'efforçait de me remonter le moral. Les progrès se faisaient sentir, le jeu que je souhaitais mettre en place s'établissait peu à peu. Il manquait de réalisme. Les jeunes savaient tout faire, mais n'arrivaient pas à conclure. J'ai compris alors que le destin de l'entraîneur, assis sur le banc, est de subir. J'aurais aimé être parmi les joueurs pour les aider. Ce n'était qu'un désir furtif. Je savais qu'il fallait patienter. Les dirigeants, eux, s'impatientaient.

Le déclic se produisit à Romans. Depuis des décennies Romans était un déplacement redouté. Peu d'équipes étaient parvenues à gagner au pied des Alpes chez les « damiers » toujours rugueux. J'avais vu les joueurs de Romans à l'échauffement. Leurs avants devaient peser chacun dix kilos de plus que les nôtres et mesurer en moyenne cinq centimètres de plus.

J'ai demandé à mon équipe de rester dans le vestiaire jusqu'à l'entrée sur le terrain. Je leur ai parlé de vitesse de jeu, de contournement, de relances — tout ce qu'ils savaient faire et qui pourrait déstabiliser un adversaire beaucoup plus puissant que nous, mais moins mobile.

C'est ce qui se produisit et enfin je vis des gamins heureux autour de nos trois anciens qui avaient su les mettre en confiance. Première victoire !

La nuit du retour en bus leur parut courte. Moi, je l'ai trouvée interminable. Mes pensées étaient toujours les mêmes. Mais je devais les cacher, il ne fallait pas montrer ma tristesse à ces joueurs pleins d'enthousiasme, qui venaient de m'offrir cette superbe victoire.

J'avais hâte de retrouver ma famille et le lundi après-midi je suis parti à Montfort. Mon père voulut que je lui raconte le match. C'était la première fois que nous reparlions de rugby. Nous sommes allés voir Guy et je lui ai dédié cette victoire car pendant les quatre-vingts minutes je n'avais cessé de penser à lui.

La suite de la saison se déroula en crescendo. Le Stade Montois « new-look » s'est qualifié et nous avons affronté le Stade Toulousain en seizièmes de finale. Le club retrouvait ses supporters. Le style de jeu était redevenu séduisant. Mon message passait. Mes sentiments durant cette année de retour étaient contrastés : tout me rappelait les bonheurs d'autrefois, mais l'enthousiasme et la confiance des joueurs me réconfortaient.

Mes visites à Montfort étaient toujours aussi régulières. Mes parents étaient inconsolables et je les quittais toujours difficilement. Mes enfants venaient aussi. Mon père était particulièrement attaché à François qui ressemblait à Guy, physiquement et moralement.

J'ai attaqué une nouvelle saison comme entraîneur. Tout allait pour le mieux, l'équipe avait retrouvé son prestige, des victoires récompensaient le travail. Pierre Castaignède, le tout jeune demi d'ouverture, avait eu lors de son dernier match de la saison précédente une grave blessure à l'épaule. Elle s'aggrava huit jours avant un match qui devait nous opposer à Mauléon. Il y avait plusieurs autres blessés, ainsi qu'une épidémie de grippe. Je n'avais pas beaucoup de solutions de rechange et le jeudi je pris à l'entraînement la place de Castaignède, sans idée préconçue. Pour les jeunes, ce fut un moment fort. Aucun n'avait reçu un ballon sur une de mes passes. L'entraînement se déroula fort bien, mais je n'avais pas résolu le problème du demi d'ouverture. Le soir, lors du repas collectif, alors que nous allions nous quitter, ils ont osé, par l'entremise de Benoît Dauga, me demander de jouer avec eux en attendant la guérison du petit Castaignède.

Je ne leur ai pas donné de réponse, mais j'étais troublé. Ils voulaient tellement me convaincre, ils étaient tellement chaleureux…

J'en ai parlé à ma femme. Quelle que soit ma décision, elle l'approuverait.

J'ai téléphoné à mon père. Je devais faire ce que je ressentais, il me faisait entièrement confiance.

Le vendredi, je suis allé à Montfort sans avertir personne. Je suis resté un long moment au cimetière et une bonne trentaine de minutes dans l'église. Seul, dans ce silence impressionnant, j'attendais la réponse qui me dicterait le bon choix, en délivrant mon esprit de tout scrupule. Ma décision était difficile à prendre, j'avais peur de trahir Guy. Je savais que je ne trouverais plus cette complicité, cette union, cet amour qui nous avaient sublimés sur tous les terrains du monde. Je ressentis tout à coup un soulagement, mon esprit s'éclaira. « La petite étoile » qui scintillait encore un peu me dit : « Tu peux jouer pour donner du bonheur aux autres. » C'était la générosité de Guy qui me le commandait.

Je suis rentré à Mont-de-Marsan et j'ai expliqué à ma femme les raisons de mon absence. Elle fut la seule à savoir que, le dimanche à quinze heures, je jouerais sous les couleurs noir et jaune du Stade Montois.

Je n'avais averti ni la presse, ni les dirigeants, ni les joueurs. Seule Anny était au courant. Je voulais que mon retour se fasse dans le plus strict anonymat. À la fin du repas d'avant-match, j'ai annoncé la composition de l'équipe. Lorsque, arrivant au numéro 10, j'ai prononcé mon nom, André Boniface, mon émotion fut énorme. Celle des joueurs, peut-être encore plus forte. Je sentis un moment de ferveur et d'incrédulité chez ces jeunes qui m'avaient vu jouer depuis qu'ils étaient gamins, dans ce même stade ou à la télévision. Ce fut un moment étrange pour moi, j'ai quitté la salle. Je suis rentré à la maison pour retrouver après ce trouble une petite heure de paix familiale.

13 h 30. Je suis arrivé au stade, j'ai poussé la porte des vestiaires. Les joueurs m'attendaient, assis, dans un grand silence. Ils m'avaient laissé « ma » place. Celle qui était à côté était vide. Cette pudeur me toucha, ce vide m'angoissa. Je fis venir un jeune, Patrick Nadal, pour qu'il prenne cette place que personne n'avait osé occuper. Notre adversaire était le SA Mauléon, une équipe basque d'un niveau moyen, mais qui nous avait néanmoins battus au match aller. Notre victoire fut plus que confortable puisque nous avons réussi à marquer douze essais. Sans épiloguer sur mon match, j'avais été le chef d'orchestre et les quatorze autres, des exécutants de talent. Ils s'étaient enivrés d'un joyeux rugby de passes.

Le public montois était ravi. L'ovation à la fin du match fut touchante. Les supporters montois avaient retrouvé « leur » rugby. Lorsque nous sommes revenus dans les vestiaires, tous les joueurs m'ont entouré et, en regardant la photo de Guy, un profond silence s'est établi. Je l'ai trouvé très long.

Pierre Castaignède vint me voir après le match. Il pleura contre mon épaule en me disant : « Je n'aurai jamais la chance de jouer à côté de vous. » Il avait seize ans et demi, on allait l'opérer. L'intervention était délicate et la guérison serait longue, mais il avait raison : lorsqu'il fut en état de rejouer, il a repris ma place qui était la sienne.

Le lundi, j'ai pris la route de Montfort et, avant d'aller voir mes parents, je suis allé au cimetière. J'avais besoin de parler à Guy, je crus comprendre qu'il était heureux. J'avais joué pour les jeunes, et demandé aux journalistes de ne pas citer mon nom dans leurs comptes rendus. Ce n'était plus le même André Boniface qui jouait. Mon père esquissa un sourire en m'embrassant. C'était la première fois depuis longtemps. Il était curieux de savoir comment s'était passé le match, l'accueil du public… Ma mère n'a pas su que j'avais joué.

J'ai terminé la saison. Peu à peu, je redevenais un joueur de rugby. Mais plus le même. La flamme qui brûlait encore en moi, je la vouais à mon équipe, ma personne s'effaçait. La fin de saison fut belle. En seizièmes de finale du championnat de France, nous avons battu Tarbes, récent champion de France, en marquant sept essais. Il y eut des prolongations. À trente-sept ans, les trente minutes supplémentaires furent difficiles.

Le huitième de finale nous opposait à Castres sur le stade de Lourdes. Une tempête avait transformé le terrain en un bourbier. Nous avons battu Castres qui possédait une énorme ligne d'avants avec Gérard Cholley en figure de proue, en marquant l'essai de la victoire après une bonne douzaine de passes.

En quart de finale, nous sommes tombés sur un ténor : Agen, un des favoris pour le titre. Ironie du sort ; nous allions jouer à Dax. Il y eut ce dimanche-là 23 850 entrées payantes, c'est toujours le record de spectateurs du stade Maurice-Boyau. Le service d'ordre avait été renforcé. Ambiance magnifique. C'était encore le rugby de clocher. Les spectateurs allaient communier dans l'amour du jeu et de leur club.

Le match fut équilibré. Agen nous a battus dans les dernières minutes, sur une interception. Personne ne fut déçu. Les vainqueurs sont venus nous rendre hommage dans les vestiaires. Belle leçon de sportivité pour ces jeunes que j'encadrais.

L'année suivante, j'ai encore joué toute la saison. Castaignède n'était pas rétabli. Le jeu spectaculaire que j'avais instauré entraînait des risques. La réussite ne nous récompensait pas toujours. Je commençais à percevoir chez les dirigeants de sourdes critiques. Les mêmes au fond que celles, jadis, des dirigeants de la Fédération. On opposait le culte du résultat à celui de l'esthétique. On me reprochait de trop attaquer. L'équipe dominante était le grand Béziers des Vacquerin, Estève, Saisset et Astre, on comparait leur jeu au nôtre, on le jugeait plus efficace. On me trouvait trop intransigeant.

Néanmoins nous avons battu en seizième La Rochelle, qui n'était pas une équipe facile à manœuvrer. Était-ce un signe du destin ? Notre adversaire en huitième serait… l'US Dax. Toujours ce club landais, voisin et rival, dont j'avais porté brièvement les couleurs avant de le battre en finale. Toujours cette ville qui pour moi n'est pas anodine, c'est en gare de Dax que nous prenions le train, Guy et moi, pour rejoindre l'équipe de France à Paris. Le match eut lieu à Bayonne. Encore un stade qui n'était pas anodin. Adolescent, j'avais rêvé de jouer sous les couleurs du club de Jean Dauger. Je me souviens, en écrivant ces lignes, comme s'il s'agissait d'un songe, d'avoir été sérieusement contacté par le père de Jean Grenet, qui était alors président de l'Aviron, et maire de Bayonne. Le contact n'avait pas eu de suite.

Dax nous a battus. Je savais que ce serait le dernier Dax-Mont-de-Marsan de ma vie... dix ans après celui du titre. Sans le dire à personne, j'avais déjà décidé de ne plus entraîner. Je me suis tenu à cette décision, bien que les joueurs aient essayé de me convaincre de rester à leurs côtés une saison de plus. J'avais des raisons d'espérer que, la machine étant relancée, il serait facile de continuer...

32

Benoît, Laurent, Thomas et les autres...

J'allais assister aux matches mais je rentrais chez moi dès le coup de sifflet final. Il arrivait que les joueurs passent me voir et, grâce à la disponibilité de ma femme, on improvisait un goûter dînatoire. Je ne me permettais pas de critiquer leur jeu. Ils le souhaitaient, mais ce n'était plus mon rôle.

Je prenais donc du recul par rapport au club. Peu à peu les bases du jeu qui avait fait notre renommée s'effondraient et le Stade Montois cessa d'appartenir à l'élite nationale. Les Montois ressentirent une humiliation, leur club n'avait pas quitté la première division depuis des décennies.

Un drame épouvantable avait eu lieu, au cours d'un match de championnat contre Dijon. Un match sans passion particulière, tout à fait correct. Au cours d'une action banale, sur un départ en percussion comme il en avait fait des centaines, et des plus rudes, Benoît Dauga ne se releva pas. Le grand Benoît qui avait renversé des montagnes d'adversaires, qui avait retourné les avants les plus gaillards — All Blacks, Springboks, Australiens —, restait inanimé. J'étais placé dans le virage, à quelques mètres de l'accident. Je compris très vite la gravité de la blessure. Les vertèbres avaient été touchées et Benoît, l'homme de la Chalosse profonde, le chêne indéracinable de Montgaillard, était paralysé.

C'était difficile à croire, encore plus à accepter. Dès que ce fut possible, je suis allé le voir à Bordeaux dans une clinique où il avait été transporté. Il était dans sa chambre de réanimation, et en scrutant son regard j'ai senti qu'il allait gagner ce match. À ses côtés, dans la même clinique, Magendie, un superbe jeune pilier du Racing, né à Peyrehorade dans les Landes, était lui aussi paralysé depuis une dizaine de jours. Ses vertèbres étaient plus gravement atteintes que celles de Benoît. Les pronostics étaient pessimistes. De fait il mourut quelques jours après. Benoît prenait de ses nouvelles ; pour ne pas l'affoler on lui disait que le pauvre Magendie avait changé de service.

Benoît Dauga a lutté pendant des années avant de remporter le plus difficile de tous ses matches.

La force de sa nature, sa volonté farouche lui ont permis de reprendre une vie normale sans toutefois pouvoir pratiquer un sport. Il aura été un joueur fabuleux, un avant dans la lignée des Lochore, Colin Meads ou Du Prez. Il n'était pas méchant mais il savait se faire respecter et il ne craignait personne. Une bagarre entre les équipes de France et d'Afrique du Sud, à Springs, en 1964, est restée célèbre. Ce combat de rue fut sûrement le plus long de toute l'histoire du rugby international. À un certain moment, Benoît se plaça entre les deux packs, les bras écartés, et dit aux Springboks : « Si ça vous intéresse, on peut continuer. » Le calme revint, Darrouy marqua un essai et la France gagna ce match. Les Boks avaient dû sentir que Benoît était prêt à tout.

Dauga savait tout faire : sauter, s'échapper, percuter, plaquer… et son adresse était remarquable. Il illustrait, comme Alfred Roques, les vertus de la vieille ruralité française ; ses mains larges et noueuses me faisaient penser à des ceps de vigne.

Il restera l'avant le plus célèbre du Stade Montois mais durant ma longue carrière j'ai côtoyé dans ce club plusieurs joueurs de grande valeur. Pierre Pascalin, le meilleur talonneur français des années cinquante, fut le premier international du Stade Montois et fit partie de la première équipe de France victorieuse des Anglais à Twickenham en 1951. Robert Carrère, Jean-Baptiste Amestoy, Pierre Lacroix, Pierre Cazals, Paul Tignol, Roger Bourdeu furent internationaux mais il y avait aussi à Mont-de-Marsan de très bons joueurs qui ne furent pas sélectionnés à l'image de Patrick Nadal, un attaquant extrêmement doué. Les journalistes l'avaient appelé « le nouveau Boni », ce qui lui valut peut-être de ne jamais être international. Pourtant il dominait les trois-quarts centre de son époque. Il se console avec son bel humour, en se qualifiant de « recordman des non-sélections ». Il peut aussi se dire que les amoureux du beau rugby ne l'ont pas oublié. Moi, parmi d'autres.

Certains joueurs n'ont jamais défrayé la chronique et ne sont pas sortis de l'anonymat. Je pense à Félix Martinez, pour qui j'avais une grande estime et qui est resté un ami. Il se dévouait dans l'ombre, effectuant les tâches les moins spectaculaires, mais essentielles à l'équipe. C'était un avant de devoir, plein de bravoure et de générosité, aussi exemplaire sur les stades que dans son travail de chef d'équipe à EDF. Tous les lundis matin, que nous rentrions de Toulon, d'Aurillac ou de Saint-Claude, souvent tard dans la nuit, il reprenait son travail à huit heures. Je tiens à lui rendre cet hommage, qui dans mon esprit rejaillit sur tous les avants sans lesquels les attaquants ne pourraient pas s'épanouir.

Puisque je fais tourner le moulin de mes souvenirs de joueur, comment ne pas évoquer un autre international du Stade Montois, celui par qui se terminaient la plupart de nos actions. Christian Darrouy fut un des plus grands ailiers de son époque. Il aurait pu faire une belle carrière de footballeur, ayant été contacté tout jeune par les Girondins de Bordeaux et le TFC de Toulouse. Il prit goût au rugby en disputant quelques matches avec le lycée. Ses copains l'emmenèrent au Stade Montois. Il débuta en juniors. J'étais allé le voir. Sa vitesse m'impressionna. Il avait l'âge de Guy et, sans hésiter, on l'intégra en équipe première. Pour son premier match à nos côtés, il marqua trois essais contre le Stade Toulousain. Sa carrière exceptionnelle était lancée. Il fut à sept reprises le meilleur marqueur d'essais de la saison en championnat de France et garda très longtemps le record d'essais en matches internationaux. Il avait la délicatesse de dire qu'il avait pris goût au rugby grâce à nous, sans se douter qu'il allait devenir le complément idéal que nous cherchions. Car une action, si belle soit-elle, retombe dans le néant si elle n'aboutit pas. Christian était capable, sur le moindre petit décalage, de déposer le ballon dans l'en-but après une course de cinquante, de quatre-vingts ou de cent mètres. Son sens du timing lui permettait de se placer exactement à l'endroit d'où il pourrait effectuer une accélération sur la prise de balle, au moment de la passe. Lorsqu'il était au Bataillon de Joinville pour effectuer son service militaire, il rivalisait en vitesse pure avec les meilleurs sprinters français. D'ailleurs Maigrot, qui entraînait les coureurs du 4 × 100 mètres l'avait contacté. Christian refusa. Si, comme il le prétend, nous lui avons donné le « goût » du rugby, il nous a donné celui de bien le « servir ». Grâce à son talent, à sa verve, à son humour, nous avons passé des moments inoubliables.

En 1975, l'équipe de Mont-de-Marsan s'est retrouvée en groupe B — l'équivalent d'une deuxième division. Je ne sais quelle raison m'a poussé à reprendre l'entraînement. Je n'avais pourtant plus le feu sacré. Ce come-back me permit de découvrir un jeune de dix-huit ans, Laurent Rodriguez, qui jouait à Lannemezan. Hormis Benoît Dauga, je n'avais pas connu un joueur possédant de telles qualités physiques. Il était né pour jouer au rugby et non pour somnoler au collège de Nogaro qu'il venait de quitter en classe de seconde car, en poussant sans violence un surveillant, il lui avait cassé l'épaule. Laurent fit très vite des progrès. Malheureusement, certains joueurs l'ont jalousé. L'esprit qui régnait n'était pas celui d'une équipe de rugby telle que je la conçois et, quelques mois plus tard, j'ai cessé d'entraîner le Stade Montois. Je n'avais pas retrouvé le plaisir que j'avais pris avec les jeunes, quelques années auparavant. Aucun enthousiasme, aucune confiance. Je continuais à voir Laurent et à l'entraîner physiquement. Je lui faisais prendre conscience des moyens exceptionnels qu'il se devait d'exploiter. En dépit de conditions peu favorables il dictait sa loi tous les dimanches, tant par son physique que par sa technique. Il devint international et quitta le Stade Montois. Je n'eus pas de regrets lorsqu'il prit cette décision car il méritait plus de considération et il était logique qu'il cherche à s'épanouir dans une grande équipe. Il a choisi Montferrand. Il débuta en équipe de France en 1981 et y resta jusqu'en 1990. Il aura été la pierre angulaire du pack français pendant ces années quatre-vingt. Il n'a pas connu la notoriété qu'il méritait car il avait horreur de la médiatisation, mais, pour moi, Laurent fut un des plus grands avants depuis la reprise du Tournoi des Cinq Nations, et ses anciens adversaires ne me démentiront pas.

Il me plaît d'évoquer un autre international, Thomas Castaignède bien qu'il ait quitté très jeune notre club. Un dimanche matin, je m'amusais à taper des balles de golf à la « plaine des jeux », qui comportait trois terrains de rugby et deux terrains de foot. Sur un des terrains avait lieu un match de rugby. La fibre vibrait encore ; je ne pouvais m'empêcher de regarder davantage le ballon ovale que la petite balle blanche dans laquelle je swinguais sans application.

Mon regard fut particulièrement attiré par un des jeunes. Dès qu'il touchait le ballon, il extériorisait un talent remarquable. Il courait vite, le buste droit, la tête haute, savait juger d'un regard toutes les situations de jeu. Il butait aussi avec élégance et facilité. Je me suis approché de la main-courante. Ce gamin m'émerveillait. Ces gestes purs, ma mémoire les avait presque oubliés. Il jouait demi d'ouverture et offrait à ses partenaires de bons ballons, ayant effectué les meilleurs choix. Il devait y avoir une vingtaine de spectateurs et je reconnus parmi eux Pierre Castaignède et sa femme. Je suis allé les saluer et leur ai fait part de mon enthousiasme en voyant rayonner ce gamin de quatorze ans. Pierre me dit, avec la modestie qui le caractérise, qu'il s'agissait de son fils. C'était donc ce petit Thomas qui, depuis l'âge de quatre ans, s'habillait en rugbyman jaune et noir dans les vestiaires auprès de son père. Il avait grandi et reflétait quelques années plus tard l'esprit de jeu que son père lui avait inculqué. Le jeu dit « à la montoise ». Le fluide était passé, l'héritage était dans de bonnes mains.

Thomas joua en cadets au Stade Montois pendant deux saisons. Il passa son bac « scientifique » et à dix-sept ans et demi partit à Toulouse continuer ses études en génie chimique. Il ne pouvait venir tous les week-ends à Mont-de-Marsan et alla frapper à la porte du Stade Toulousain. On lui fit banalement passer des tests, comme à tous les nouveaux joueurs. Les résultats furent exceptionnels. Il joua en équipe juniors et intégra rapidement l'équipe première. Le Stade Toulousain fut champion de France cette année-là et l'entraîneur Guy Novès fit entrer Thomas en cours de match.

Une tournée des Barbarians en Australie était prévue à l'intersaison. J'ai proposé son nom avec insistance. Thomas fut retenu dans le groupe et partit à dix-huit ans et demi vivre sa première grande aventure. Je n'avais pu m'associer à cette tournée à cause de la santé de mes parents. J'ai confié Thomas à François Sangali, un centre de

Narbonne du même esprit que le mien. Il l'a parrainé avec enthousiasme. Ce gamin débordant de joie de vivre, intelligent, passionné, fit l'unanimité. Tel fut le début d'une belle carrière, qui n'est pas terminée. Je dois l'avouer : j'ai éprouvé une certaine fierté lorsque les journalistes le baptisèrent « le Petit Boni ». Il m'écrivit une lettre émouvante où il évoquait Guy, son père lui ayant raconté ses souvenirs de jeunesse.

Thomas est devenu un ami. J'ai des contacts téléphoniques fréquents avec lui et, lorsqu'il vient sur la côte landaise, nous nous retrouvons avec ses parents. Je le considère comme une des personnalités les plus marquantes de notre club. Son esprit, sa formation de base, c'est au Stade Montois qu'il les a acquis. Personne ne contestera cette évidence.

La vie du Stade Montois continuait sans moi. Je consacrais mon temps à ma famille, à mon magasin, à mes parents, toujours entre Mont-de-Marsan et Montfort-en-Chalosse.

Croyant sans doute me faire plaisir, mon fils François décida de jouer au rugby. Au Stade Montois, bien entendu. Il fit son premier et dernier match à Saint-Sever, ce qui est une coïncidence pathétique. Saint-Sever où j'ai rencontré Michel Crauste pour la première fois, avec Guy. Saint-Sever où j'ai dit adieu à Guy. La partie se jouait le matin sur un terrain en bordure de l'Adour, le seul fleuve traversant les Landes, qui avait débordé quelques jours auparavant. Le sol était extrêmement boueux, à la limite du praticable. Il devait y avoir dix spectateurs, plus mon père et moi. François jouait arrière et fut bombardé de « chandelles ». Ses adversaires s'acharnaient à le démolir, sous les encouragements des quelques supporters locaux. Haro sur le fils Boniface !

Pour la première fois, j'ai vu mon père s'énerver. Il s'accrocha même sérieusement avec les Saint-Severins qui étaient les plus excités. À la sortie des vestiaires, François vint vers nous, complètement abattu. J'ai deviné ce qu'il avait envie de me confier et lui ai dit : « Si tu n'as plus envie de jouer, tu peux arrêter. » Je l'ai senti soulagé. Mon père et moi l'étions tout autant. S'il avait continué, sa carrière aurait été un calvaire, ou presque.

François a pris une tout autre orientation sportive, en devenant un des meilleurs surfeurs de la côte landaise. Il est allé passer deux années de sport-études tennis chez mon ami Georges Deniau, qui fut un des meilleurs joueurs français.

Puis François a passé le professorat et enseigne toujours le tennis au club d'Hossegor.

Notre magasin avait ses fidèles. Parmi eux, la famille Juppé. Je revois l'étudiant Alain. Il attendait l'été pour acheter ses jeans, ses polos, ses maillots de bain. Il venait en toute décontraction nous parler de sa vie parisienne. Je l'avais connu très jeune et je voyais ses parents pratiquement tous les jours. Son père, qui avait joué au Stade Montois, l'emmenait au stade chaque dimanche. Ce qui l'a initié, sans lui donner envie de jouer. Il devait penser davantage à ses études. Il avait tout de même un esprit sportif, car il faisait régulièrement des footings et de la natation. Je savais par sa mère qu'il travaillait beaucoup et avait une hygiène de vie très stricte. Il continue de courir, de nager et il sait apprécier un match de rugby.

Au lycée Victor-Duruy, que nous avions fréquenté à des périodes différentes, il se disait que Juppé et Boniface avaient un point commun. Il était — de très loin — le numéro un pour les études ; j'étais le numéro un pour le sport. À chacun sa destinée. Celle d'Alain aura été brillante, et peut le redevenir. Je le revois toujours avec plaisir et avant son départ pour le Canada je suis intervenu dans un film sur sa vie. Pour préparer la séquence, nous avons passé un long moment ensemble dans la maison de ses parents, au bord du lac d'Hossegor. Très détendu, il m'a parlé de sa jeunesse, de son admiration pour Guy et pour moi. J'étais surpris et d'autant plus flatté que ces éloges étaient manifestement sincères. Il me rappela quelques matches auxquels il avait assisté. Ayant été le premier à obtenir la cassette de la finale du championnat Mont-de-Marsan-Dax, il fit la surprise de la projeter à ses anciens congénères du lycée lors d'un repas amical.

33

Un compagnon de golf

Le rugby s'était éloigné de moi. Ou l'inverse. L'horizon était toujours le même. J'allais toujours aussi fréquemment chez mes parents et Guy me manquait toujours autant. Je repartais toujours aussi triste. J'avais l'impression de me retrouver au petit matin du 1er janvier 1968. La même solitude. Le silence oppressant du cimetière de Montfort.

Comme tout commerçant, j'eus droit à trois contrôles fiscaux, en douze ans. Ça me semblait beaucoup. Mon magasin fut cambriolé deux fois en quatre ans. Ça fait également beaucoup.

Un matin, une surprise m'attendait au magasin. Ma femme ayant refait la vitrine tard dans la soirée, elle n'avait pas affiché les prix. J'allais m'y employer dès l'ouverture. Lorsque je suis arrivé, tôt le matin, une dame attendait devant la porte.

J'ai pensé que c'était ma première cliente : la journée commençait bien. Pas du tout. Cette personne m'annonça qu'elle faisait partie d'un organisme de contrôle des prix et venait constater que nos prix n'avaient pas été affichés en vitrine. Je lui ai expliqué que j'allais justement le faire. Elle comprit fort bien et fut convaincue de ma bonne foi, mais prétendit être obligée de me dresser un procès-verbal. Je me suis permis de lui demander si quelqu'un était passé dans la nuit pour vérifier. Elle affirma que non, mais m'avoua que le matin même, dès l'ouverture de son bureau, ses services avaient été avertis par un coup de téléphone anonyme.

Le ciel me tombait sur la tête. J'étais révolté, j'en voulais à la terre entière, aux Montois en particulier. J'étais loin de me rendre compte qu'une infime minorité d'aigris me vouait de la haine, sans me connaître. Je m'en suis aperçu plus tard, mais le mal était fait. À la même époque, j'avais vendu le bar de Guy à deux de mes amis, par sentiment plutôt que par intérêt. En fait, il s'agissait d'une société dont j'avais des parts. Je n'avais pas étudié le contrat, les choses matérielles ne m'ayant jamais préoccupé, encore moins après le drame qui m'avait frappé. Les acquéreurs auraient dû me payer leurs parts. Ils ne le firent que pendant un certain temps. Il était question qu'ils achètent les miennes pour devenir seuls propriétaires. Comment y seraient-ils parvenus alors qu'ils ne pouvaient pas payer les leurs ? Ma négligence aidant, ils furent mis en faillite par les fournisseurs qu'ils ne payaient pas davantage et je me suis retrouvé avec eux dans cette galère. La banque bloqua mes comptes. La situation devenait grave pour ma famille et je ne savais pas comment l'affronter.

L'idée me vint d'appeler à mon secours Jean Glavany qui était chef de cabinet du président de la République, en l'occurrence François Mitterrand. Jean était le fils du premier général de la base aérienne de Mont-de-Marsan. Il faisait ses études de droit à Paris et, lorsqu'il venait en vacances chez ses parents, je lui permettais de venir s'entraîner avec nous. Il portait le même maillot que les joueurs de l'équipe première. Le rugby était — et est encore — une de ses passions.

En 1970, il me demanda de venir en stage à Mont-de-Marsan avec son équipe de Nanterre, durant les vacances de Pâques. Une équipe d'étudiants. Je me suis arrangé pour les faire loger dans un lycée, les faire nourrir par la ville, et je les entraînais dans la journée. Les entraînements furent vite supprimés, les participants étant de moins en moins nombreux, les nuits de plus en plus courtes.

Leur « stage » s'achevait un dimanche où nous allions jouer un match qualificatif pour les seizièmes de finale du championnat de France à Bègles. Je leur ai permis de partir en autobus avec nous. Après avoir assisté au match, ils prendraient le train à Bordeaux pour rentrer à Paris. Ils n'ont pas perturbé notre concentration car, à peine installés dans le fond de l'autobus, leur nuit commença. C'était leur premier sommeil. Pendant le match, armés d'un bel esprit estudiantin, ils furent pour nous de formidables supporters. Les gens de Bègles ne comprenaient pas d'où ils venaient. Nous avons obtenu la victoire, donc la qualification. La buvette du stade fut envahie, nous avons fait la fête avec ces joyeux lurons de Nanterre. Ce fut une soirée mémorable, mais dans les limites de la correction car il y avait la crainte du gendarme : moi. Je déteste les fêtes quand elles dégénèrent en violences ou en vulgarité. Ce ne fut pas le cas. Ils sont remontés à Paris, heureux de leur séjour. Ils s'étaient fait des amis rugbymen, mais ils n'avaient pas appris grand-chose. Ils ont tous continué de pratiquer, certains furent même titulaires en équipe première du PUC, immense honneur pour un étudiant. En guise de carte de visite, ils se prévalaient d'un « stage » au Stade Montois.

Mes liens avec Jean sont devenus franchement amicaux. Un jour il s'arrêta au magasin, paraissant très pressé. Je lui ai demandé ce qu'il faisait dans la région. Il me répondit très calmement : « Je vais à Latché voir le futur président de la République. » Je fus très surpris par cette prophétie convaincue. J'ai traversé des époques politiques différentes, certaines dramatiques après le retour du général de Gaulle et la guerre d'Algérie, en restant complètement indifférent. La politique, je l'ignorais. Guy, au contraire, plus intéressé que moi par l'actualité, était un gaulliste acharné. Je ne cherchais pas à comprendre pourquoi. Je ne cherchais pas non plus à savoir précisément de quel bord Jean se réclamait. Pour moi il était et il est toujours du bon bord, celui de l'amitié désintéressée.

Le fait est que Mitterrand fut élu. Jean Glavany fut nommé chef de cabinet à l'Élysée. Il acheta une ferme landaise autour d'un airial, à Saint-Geours-de-Marenne, à égale distance d'Hossegor et de Latché. Ses garçons ont été élevés dans le culte du sport, du rugby en particulier. Mathieu a joué au Stade Français, Thomas au Racing-Club de France. Ils aiment parler du jeu avec moi, ils ont une connaissance parfaite de la technique et savent juger un match.

À la longue, Jean est devenu mon meilleur ami avec l'autre Jean, alias « Monsieur Rugby ». Si j'avais pu choisir un frère pour me soutenir dans ma peine, je l'aurais choisi. Je l'ai donc appelé pour lui expliquer mes soucis bancaires. Tôt le matin, il sonne chez moi et nous partons à la banque sans rendez-vous. Les employés lèvent à peine la tête et se replongent dans leur travail. Je demande à voir le directeur. Après quelques minutes d'attente il nous fait entrer dans son bureau. Il se sentait en position de force, bien calé dans son fauteuil. Lorsque je lui ai présenté un ami qui se portait garant pour moi, il l'a écouté vaguement. J'ai précisé : Jean Glavany, chef de cabinet du président de la République. Alors, tout a changé, ce que je n'ai pas tellement apprécié. Sans la présence de Jean, je n'aurais même pas été reçu, bien qu'ayant un compte dans cette banque depuis l'ouverture du magasin. Avec « Monsieur le chef de cabinet »… tout s'est arrangé instantanément. Par la suite, j'ai toujours reçu du même directeur un accueil respectueux, c'était même gênant.

Jean est un homme d'honneur, de parole et surtout de cœur. Il fait de la politique comme d'autres des affaires, ou du sport, c'est sa vie. Il est sincère et fidèle. C'est un sportif dans l'âme, il aime à peu près tous les sports, mais sa préférence va au rugby et à la voile. Il a longtemps disputé des matches de rugby avec des parlementaires, et il fait de grandes croisières avec des voiliers qu'il dirige lui-même. Lorsqu'il vient dans les Landes, nous jouons au golf.

Il aime aussi les corridas, mais n'a pas réussi à me convaincre. Ni à m'emmener en croisière : je n'aime pas plus l'eau que l'alcool. Pour lui, l'amitié passe avant tout, y compris le bord politique, mais il ne faut pas tricher.

À ma grande surprise, j'ai reçu un jour une lettre de Matignon m'annonçant que j'allais recevoir la Légion d'honneur. J'avais toujours pensé que ces décorations étaient réservées aux gens qui, durant les guerres, avaient défendu leur pays et ma première réaction fut d'être gêné. Mais beaucoup de sportifs ont connu ce privilège, entre autres Jean Prat et Michel Crauste. J'ai accepté sans trop de scrupules. Ma promotion comprenait un sportif, Jean Garaillalde, qui fut le meilleur golfeur français durant plus de vingt années. Ce moment où le Président se place devant vous, vous fixe, retrace les meilleurs moments de votre carrière, n'est pas banal. Le discours de François Mitterrand, et notamment ses remarques sur le rugby, était d'une grande justesse. Il termina par un hommage à Guy, se souvenant de la date de l'accident.

Le Président aperçut Anouk dans le groupe de mes invités. Il se précipita vers elle, intrigué, voulant savoir qui l'avait conviée à cette cérémonie. Lorsqu'elle lui dit que c'était moi, que nous étions très amis, et qu'elle adorait le rugby, il fut surpris. Nous avons passé une belle soirée au Pichet, avec Jean-Claude Killy, Marcel Hansenne, Jean Prat, Jean Gachassin, Anouk et Marie que je retrouvais enfin.

On dit que pour recevoir la Légion d'honneur, il faut la demander. Je n'ai rien demandé. Mais il est possible qu'un tiers s'en charge. Je suis convaincu que Jean Glavany avait fait cette démarche. Il ne me l'a jamais avoué.

Depuis quelques mois, avec mes deux amis — Glavany et Prat — nous avions pris goût à la pratique du golf, ce qui surprenait pas mal d'anciens joueurs de rugby. En fait, c'est le seul sport que je puisse encore pratiquer. Une très forte amitié me liait à Jean Prat que j'appelais « John », nous nous retrouvions souvent à Moliets ou à Hossegor.

Un matin, j'ai reçu une communication téléphonique de l'Élysée. Le secrétariat du président de la République m'informait que François Mitterrand souhaitait jouer au golf avec moi. J'ai cru à une blague. Mon interlocuteur se rendait compte que je ne prenais pas cette démarche au sérieux. Il a insisté, et fini par me convaincre. Le rendez-vous fut pris : jeudi matin, neuf heures, devant l'entrée du golf d'Hossegor.

Je m'y suis rendu et j'ai rencontré deux personnes qui avaient déjà joué avec le Président. Nous avons attendu ensemble. Mitterrand est arrivé au volant d'une Méhari peu luxueuse. Les présentations furent brèves. Il y eut un moment étrange lorsque son regard croisa le mien. Ses yeux semblaient me transpercer, comme s'il voulait juger ma personnalité de l'intérieur. C'était une sensation que je n'ai pas souvent connue, même devant les adversaires les plus difficiles sur un terrain de rugby.

La partie se déroula normalement. Mitterrand avait un jeu très régulier, à un niveau correct ; seul le putt semblait lui poser quelques problèmes.

Quelques semaines plus tard, nouveau rendez-vous avec le même golfeur et davantage de convivialité. Il m'appelait par mon prénom, et me parla abondamment de rugby qu'il connaissait bien. Il regardait depuis toujours chaque match international télévisé. Il me demanda comment je pouvais passer au milieu d'adversaires sans donner l'impression de faire un gros effort. Je lui ai expliqué que c'était une domination de la course par rapport à l'adversaire. Il comprit fort bien ce que j'appelais le changement de rythme.

Il savait que je connaissais Alain Juppé, et m'en disait le plus grand bien, affirmant qu'il avait été son meilleur ministre des Affaires étrangères. Il me posait des questions sur sa famille, son milieu d'origine. Il était très intéressé par les racines géographiques et sociales. Nous avons parlé aussi de Ferrasse. Il savait que je ne comptais pas parmi ses meilleurs amis. Il voulait savoir si Ferrasse avait joué. Je lui ai dit la vérité : le joueur n'a pas laissé un grand souvenir. Il fut ravi d'apprendre qu'on le surnommait « Bébert la godasse », ce qui l'amusa mais ne l'étonna point.

La partie se termina comme toujours au dixième trou et nous sommes allés ensemble nous désaltérer au club-house avant de nous quitter. Cinq mois plus tard, nous nous sommes retrouvés pour un nouveau parcours. Dès le premier trou, après avoir marché quelques dizaines de mètres, il me demanda si j'avais vendu mon magasin. Je lui en avais parlé brièvement. Je fus stupéfait qu'il se soit souvenu de notre conversation précédente. Il avait une mémoire exceptionnelle.

J'ai rejoué deux fois avec lui et la deuxième fois fut sûrement sa dernière partie. Je l'ai revu dans des circonstances particulières. Nous avions été opérés du genou, Jean Prat et moi. Depuis huit jours nous étions en clinique, dans la même chambre, avec chacun sa prothèse au genou droit. Soudain, la clinique sembla s'arrêter de vivre. Une atmosphère bizarre régnait, nous la ressentions. Une certaine qualité de silence. Le professeur Letournelle, qui nous avait opérés, ouvrit la porte de notre chambre. Il avait d'habitude une boutade aux lèvres pour nous chambrer. Pas de boutade, ce jour-là, il était très sérieux. J'ai vu, derrière lui, le Président Mitterrand, qui venait nous saluer, et prendre de nos nouvelles. Jean Glavany n'était sûrement pas étranger à cette visite. Elle compensait le fait que la Fédération française de rugby ne s'était pas manifestée une seule fois durant nos vingt-cinq jours d'hospitalisation.

34

Retour sur images

En 1993, nous avons décidé de quitter Mont-de-Marsan. Nous avons vendu notre maison et nous sommes installés à Hossegor où nous avions des attaches. Un trait définitif sur le passé semblait être tiré. Pas sur le rugby : j'ai été coopté par les « Barbarians », avec Jean-Pierre Rives comme parrain. Les Barbarians français étaient constitués au départ par l'équipe de Jacques Fouroux, vainqueur du Grand Chelem en 1977. Je me retrouvais donc parmi ces anciens joueurs que je ne connaissais pas. Ils m'ont accueilli chaleureusement, j'appréciais l'ambiance amicale qui régnait à chacune de nos retrouvailles. Serge Blanco, Jo Maso, Denis Charvet, Philippe Sella furent cooptés eux aussi et je fis la connaissance d'un homme dont l'ombre planait alors sur le rugby français : Serge

Kampf, le président de la fondation Cap Gemini. Il avait lui aussi été coopté. Jusqu'alors, il suivait l'équipe de France en tant que supporter de base. Jean-Pierre Rives et Jacques Fouroux avaient eu la bonne idée de l'associer à l'aventure sympathique de ces « Babas ».

Serge est un personnage exceptionnel. Sa délicatesse et sa générosité n'ont d'égal que sa discrétion. Il connaît bien le jeu et aime en parler pendant des heures. Un de ses plaisirs est d'aller avec Rives et Blanco saluer les joueurs dans les vestiaires. L'univers du rugby le rend tout simplement heureux. Par son entremise j'ai connu ce que nous appelons familièrement la bande du « CAC 40 », un certain nombre de grands patrons aussi riches et doués pour la gestion que je suis impécunieux et incapable de comprendre les ressorts de l'économie. Incapable et, surtout, pas intéressé. Après les matches, nous avons pris l'habitude de nous retrouver chez Guy Savoy. Guy, qui est un ancien rugbyman de Bourgoin, pratique la cuisine comme j'ai essayé de pratiquer le rugby, nous nous sommes compris très vite. Il se souvient encore d'un match que le Stade Montois avait disputé à Bourgoin il y a près de quarante ans, et même d'une action réalisée avec Guy. Ce match, que j'ai oublié, a marqué sa mémoire d'adolescent. Pour la première fois depuis l'accident de Guy, j'ai accepté d'aller passer la fin d'année — donc le réveillon — à Cessieu, dans sa maison de campagne. J'étais heureux que ma femme puisse enfin connaître une autre nuit de nouvel an que celle que nous vivions en solitaires depuis 1968. Plus tard, il nous a invités aux mariages de sa fille et de son fils, toujours dans son village de Cessieu. L'homme aux « trois étoiles » est resté l'enfant de Bourgoin.

Lors des mariages de ses enfants, j'ai rencontré David Khayat, le célèbre cancérologue. J'ai rencontré également le professeur Gérard Saillant, l'homme qui a opéré le plus grand nombre de sportifs : Ronaldo et Schumacher entre autres. C'est grâce à lui que Thomas Castaignède, dont la carrière semblait terminée, a pu retrouver la totalité de ses moyens physiques. Ces ténors de l'économie, ces grands patrons de l'économie ou de la médecine, je ne les aurais pas connus sans le rugby. À vrai dire, le statut d'international permet de rencontrer des personnages d'exception, pour peu qu'on le souhaite. Guy avait ce goût. Moi, pas tellement, mon univers intime me suffisait. C'est sur le tard que les retombées de ma carrière m'ont procuré ce qu'on appelle des « relations » dans des milieux sans rapport avec le mien. Je ne les cultive pas, sauf si l'amitié m'y pousse.

J'avais complètement changé de vie depuis que j'habitais Hossegor. Je ne revenais plus à Mont-de-Marsan. Cette route au milieu des pins découverte à dix-sept ans et parcourue des centaines de fois entre Montfort et le chef-lieu, je l'avais oubliée. J'allais à Montfort en traversant Dax. J'y allais le plus souvent possible car la santé de mes parents se dégradait. Ils ne pouvaient plus aller au cimetière comme ils l'avaient fait tous les jours depuis l'accident de Guy. Ils étaient heureux de voir mes enfants. Mon père avait pour François beaucoup de tendresse, il lui trouvait des ressemblances avec Guy, ce qui est tout à fait vrai.

Dans ces moments, malgré le soutien des miens, Guy me manquait encore davantage. Mon père, peu à peu, perdait ses facultés mentales, mais lorsque j'arrivais il me reconnaissait et il avait ce petit sourire discret, le même qu'il esquissait lorsque nous revenions à Montfort le lendemain des matches. Ma mère ne vivait que dans le souvenir de Guy, et sans doute aussi de Bernard. Elle était inconsolable. Mes parents furent l'un et l'autre hospitalisés à Dax. Ma mère décéda le

14 janvier 1994, et mon père le 12 juillet de la même année.

Leurs obsèques eurent lieu à Montfort dans la plus stricte intimité, comme ils avaient vécu. Je ne fis paraître l'avis de décès que le lendemain de leur enterrement, seuls étaient présents les membres de notre famille et les gens du village.

Je voulais croire qu'ils avaient retrouvé la paix, en rejoignant ceux qu'ils avaient tant pleurés. J'espérais — j'espère encore — qu'ils voyaient ma famille, mes trois enfants au premier rang dans l'église et qu'ils en étaient fiers, comme ils l'avaient été de leurs fils. Sans l'exprimer.

J'ai vendu la maison de Montfort à des gens que j'aimais bien. Je n'y suis jamais revenu. Je ne revenais qu'au cimetière, avec le même espoir vague en arrivant, le même malaise en repartant. Je faisais le tour du village et je passais chez mon ami d'enfance Yvon Latarre (l'enfant exemplaire) qui habite un petit bourg proche de Montfort. Il m'avait demandé avec beaucoup de discrétion s'il pouvait s'occuper de la tombe, et particulièrement du gazon, que mon père soignait avec amour. J'étais ému et soulagé, sachant qu'Yvon accomplirait parfaitement cette tâche. L'enfant modèle est devenu un homme modèle et la tombe est toujours impeccable.

Je continuais à recevoir du courrier — des gens que je n'avais jamais vus. Ces lettres m'apportaient du réconfort. L'un de mes correspondants souhaita me rencontrer. C'était un Catalan, il s'appelait Jo Roigt. Il était ingénieur et travaillait à Bayonne. Il connaissait parfaitement notre carrière. Impossible de le prendre en défaut sur nos matches, les résultats, les dates, les actions marquantes. C'était impressionnant. Il me confia qu'il venait nous voir jouer et nous approchait après les matches, mais sans oser nous parler. Un jour, longtemps après notre première rencontre, il me dit ceci : « Je dois vous faire une confidence. J'ai appelé mon fils Arnaud, André, Boniface Roigt. » Lorsque ce fils s'est marié, à Toulouse, nous avons été invités, mon épouse et moi. Ce fut étrange d'entendre à la mairie, dans la bouche de l'officier d'état civil : « Arnaud, André, Boniface Roigt voulez-vous prendre pour épouse Sophie Gaspard-Bouline… »

Je n'étais pas revenu à Mont-de-Marsan depuis que nous avions déménagé, mais je suivais tout de même les résultats du Stade Montois. D'année en année, le fiasco fut de plus en plus accablant. Je ne connaissais plus les joueurs, ni l'équipe dirigeante, ni les entraîneurs. Le club fut relégué en deuxième division, au niveau d'équipes de villages dont les habitants avaient été nos supporters. Le Stade Montois a touché le fond lorsqu'il a dû affronter Linxe (douze cents habitants), Grignols (mille habitants) ou Mugron, le pays de mon père. À une division près, il aurait pu rencontrer l'US Montfort. Je n'avais aucune idée de la manière dont cette chute vertigineuse s'était amorcée, puis aggravée.

J'appris que Patrick Nadal allait prendre la présidence du club. Il s'entoura de gens compétents et sollicita des soutiens, en particulier celui du maire de Mont-de-Marsan qui était un pur stadiste depuis son enfance. Il s'empressa de renforcer l'équipe. Patrick, qui fut un esthète du jeu des trois-quarts, se mit à la recherche d'avants courageux et aguerris en particulier au niveau de la première ligne.

Saison après saison, le Stade Montois remonta la pente et l'équipe finit par retrouver le niveau qu'elle n'aurait jamais dû quitter. Pourtant la tâche n'était pas facile.

Patrick vint m'annoncer un jour, à Hossegor, que le stade municipal de Mont-de-Marsan appelé « Barbe d'Or » — le nom du quartier — allait porter le nom de mon frère. Avec le maire,

Philippe Labeyrie, qui avait été un grand ami de Guy, ils avaient passé ce deal, à condition que l'équipe retrouve sa place dans l'élite.

Je fus surpris et extrêmement heureux. Le conseil municipal vota pour la forme, à main levée et à l'unanimité. Je n'oubliais pas le comportement d'un autre conseil municipal mais j'ai voulu l'oublier, mon caractère ayant été soumis à trop d'épreuves pour ne s'être pas assoupli.

À mon insu, une grande fête se préparait. Elle aurait lieu le jour du dernier match de la saison. C'était le 10 juin 2000. Je suis allé chercher Guy Savoy à l'aéroport de Biarritz, il tenait à assister à cet événement. Nous avons pris la route de Mont-de-Marsan en passant par Montfort pour voir mon frère et lui porter des fleurs. Il y avait déjà d'autres bouquets. Certains savaient donc que ce serait sa fête.

Je fis le tour du village pour montrer à Guy Savoy le modeste théâtre de notre jeunesse, notre maison proche du stade qui portait déjà le nom de mon frère, l'école, la place publique, la voie ferrée où ne passent plus de trains, le mur de ma pendaison par le mollet. Ce fut une sorte de pèlerinage. Il s'est poursuivi sur la route. Je me suis revu avec mon père, le jour où pour la première fois il m'accompagnait au chef-lieu du département. Je reconnaissais chaque virage, chaque ligne droite, j'aurais pu conduire les yeux fermés.

Patrick Nadal et ses amis avaient préparé une journée somptueuse. Le rendez-vous avait lieu chez lui à l'hôtel Renaissance. Comment exprimer mon émotion lorsque je suis entré dans son bar ? Des milliers de souvenirs surgirent. Je retrouvais des gens avec qui nous avions partagé ces moments que seul le rugby peut procurer. Des plus âgés aux plus jeunes, tous exprimaient leur joie de vivre à mes côtés cette journée historique dans la vie de notre club. Jean Prat, Maurice Prat, Jo Maso, Jean Trillo, Roger Martine, Roland Bertrane, Jean Gachassin, Raymond Alçaren, Jean Piqué, Lucien Rogé, Serge Blanco, Christian Darrouy, Jean Jouglen, Michel Gardéra, Pierre Castaignède, Max Godemet, Michel Crauste, Jacques Fouroux, Pierre Lacroix, « Pipiou » Dupuy, Benoît Dauga, Bernard Dutin, Jean-Louis Bérot, Henri Roméro, Louis Réquenna, Henri Rancoule, Jean-Pierre Bastiat, Philippe Dintrans, Pierre Pascalin, Félix Martinez. Ils étaient venus d'abord pour Guy, et aussi pour me témoigner leur amitié.

Deux ballons ovales nous donnèrent l'envie de faire quelques passes. Mais pas des passes vrillées. Les lignes de trois-quarts se formèrent par tranches d'âge. Chacun s'appliqua, soucieux de prouver qu'il avait de beaux restes. Il n'y avait pourtant plus nos « gros » sélectionneurs à convaincre.

Mon fils François participait au repas, très fier de l'hommage rendu à son parrain. Les femmes n'étant pas admises à l'époque dans ce rugby « macho », elles nous ont rejoints dans l'après-midi. En dehors des joueurs, aucune table officielle. On pouvait reconnaître Jean Glavany, Philippe Labeyrie (sénateur-maire de Mont-de-Marsan), Henri Emmanuelli (député), Alain Vidales (également député et qui joua en cadets à Mont-de-Marsan avec Patrick), les journalistes Denis Lalanne, Henri Garcia, Henri Nayrou, Michel Bord, le président de l'AS Montfort. Aucun protocole, chacun s'installait au hasard. Ce hasard voulut que je sois entouré de Jo Maso et Patrick Nadal. Les enfants prenaient soin de leur « père spirituel ».

Patrick fit un discours d'une éloquence très sentimentale. Son évocation de Guy m'a ému. Je lui ai répondu qu'avec le temps, et l'âge aidant, mes rancœurs étaient oubliées. Seule subsistait ma peine, mais une telle journée l'apaisait quelque peu.

Depuis des années, mes voyages depuis Hossegor s'arrêtaient tous à Montfort. Désormais ce serait une étape, je continuerais jusqu'à Mont-de-Marsan.

Nous sommes allés dévoiler un fronton de marbre plaqué sur l'entrée extérieure et portant l'inscription suivante : « Stade Guy-Boniface ». Une superbe photo de Guy avec le maillot cerclé jaune et noir exprime toute sa volonté, tout son talent.

Puis on ôta un drap et on put admirer la statue de Guy. C'était la reproduction de la photo. La statue se trouve sur le passage des spectateurs. Guy revivait. Chaque personne, chaque enfant pourra regarder cette statue et lire sur une plaque les dates des grands moments de sa carrière : le titre de champion de France, les victoires en challenge Du Manoir, les matches internationaux. C'était une victoire contre l'oubli et, pour moi, rien n'était plus important.

Philippe Labeyrie, le maire, voulut prononcer quelques mots mais son émotion l'obligea à s'interrompre, ce qui ne m'a pas étonné, tant son amitié pour Guy avait été forte et sincère.

Quelques milliers de personnes étaient présentes. Je ne pouvais qu'être sensible à l'honneur fait à mon frère. Mon retour semblait réjouir les Montois. Chacun venait me dire un mot aimable. Incapable de cacher mon émotion, je pris la parole pour dire à quel point ces moments compteraient dans l'avenir. Pour la première fois depuis 1968, mon fardeau s'était allégé.

J'étais fier d'être entouré par ma femme et mes trois enfants, auprès de la statue. Il y eut des applaudissements très discrets, beaucoup d'émotion, beaucoup de sincérité. J'espérais que tout ce que nous éprouvions irait droit au cœur de Guy.

Je suis allé sur le terrain donner le coup d'envoi du match. J'avais mis le maillot 12 sur mes épaules et j'étais accompagné d'un jeune cadet portant le numéro 13. Plutôt que de donner un coup de pied, j'ai ramassé le ballon et fait une passe croisée avec lui. Il y avait très longtemps que je n'avais pas vu le public depuis le terrain. Des souvenirs ont afflué. J'eus droit à une standing ovation. Puis je suis rentré dans les vestiaires et suis resté quelques minutes, seul, devant la photo de Guy, ressentant un immense bien-être. Depuis ce jour, je suis revenu régulièrement voir jouer les Montois au stade Guy-Boniface. C'est mon club. C'est mon frère.

35

Une sorte de mythe

Après l'avoir longtemps mûri, Denis Lalanne décida d'écrire un livre dont nous serions, symboliquement, les personnages phares. *Le Temps des Boni* évoque superbement les années cinquante et soixante en racontant — entre autres récits — notre enfance, notre jeunesse, notre vie de sportifs. En fait, il s'agit d'un hymne au romantisme, à la joie de vivre, à l'innocence. Mais aussi des confessions, car on trouve dans ce livre des secrets assez intimes. Nous étions le fil conducteur d'un chef-d'œuvre littéraire qui connut un beau succès et suscita des critiques élogieuses.

La veille d'un match entre la France et les All Blacks, Denis Tillinac, le président-directeur général des Éditions de La Table Ronde qui publiait ce livre, décida d'organiser une réception amicale pour son lancement. La Table Ronde, fut l'éditeur d'Antoine Blondin, et a obtenu plusieurs fois le Grand prix de la littérature sportive. La fête eut lieu dans un des bistrots de Guy Savoy et ce fut une belle soirée. Durant plusieurs heures, Denis et moi avons signé des exemplaires. Tous les membres de ma famille et tous nos amis étaient venus : Jean-Pierre Rives, Serge Blanco, Jo Maso, Jean Trillo, Jean Gachassin, Michel Crauste, Jean Prat, Pierre Abaladejo, J.-C. Bastiat, Benoît Dauga, Christian Darrouy, Denis Charvet, Christian Carrère, Franck Mesnel, Blachon, Michel Jazy, Serge Kampf, Jean Glavany, Jean-René Fourtou, Claude Bebéar, Henri Lachmann, Marie Dabadie, Anouk Aimée. La nuit fut courte…

À midi, Guy Savoy m'avait fait la surprise de concevoir une magnifique table « ovale » et d'y inviter à déjeuner toute ma famille.

Après la sortie du livre, j'ai accompagné Denis Lalanne dans divers salons, à Brive, à Clermont-Ferrand, à La Rochelle, etc. Les gens venaient partager la nostalgie d'une époque où tout était si différent. Plus simple, plus détendu, plus fraternel. Du moins c'est ainsi que je revois ces années. À Brive, notre ami Denis Tillinac eut l'excellente idée d'organiser un dîner où j'ai retrouvé avec plaisir des anciens joueurs de Brive et de Tulle tels que Marcel Merckx, Roger Fite, Jean-Claude Roques, Marcel Lewin. J'ai dû reconnaître que les matches face à eux ne furent pas toujours les plus faciles. Peu importait, il ne restait que les souvenirs des bons moments, le respect, la fidélité, l'amitié que génère le rugby.

Thomas Castaignède m'avait averti que, le soir de son mariage, je serais à une table de sportifs (anciens), mais surtout que je ferais un grand plaisir à une personne qui serait placée à côté de moi. C'était un homme plutôt réservé qui m'écoutait attentivement et semblait bien connaître les péripéties de ma carrière.

Au moment de nous séparer, il me demanda mon adresse. Quelques jours plus tard j'ai reçu une lettre où il me confiait ce qu'il n'avait pas osé me dire le soir du mariage : son fils, né à Toulouse, s'appelle « Jacques, André, Boniface Hurtevent ». Incroyable ! Il existe donc à Toulouse deux « André, Boniface ». Je lui répondis immédiatement pour lui dire que j'aurais plaisir à le rencontrer. Ce fut le début d'une histoire que je trouve émouvante. Cet homme avait un frère jumeau. Ils habitaient Castelsarrasin, près d'Agen. Ils ont commencé à jouer ensemble en minimes, en cadets, puis en juniors. À chaque vacance, ils venaient à Hossegor et passaient par Mont-de-Marsan. Ils obligeaient leur père à traverser le centre-ville, au lieu de prendre la rocade. Ils passaient devant le bar de Guy et s'arrêtaient devant mon magasin. Ils restaient un moment, le temps de m'apercevoir. Parfois, ils entraient sous prétexte d'acheter des chemisettes de tennis ou un short. Un jour, leur père leur offrit des chaussures de rugby. Ils me laissèrent le soin de les leur choisir, ils voulaient les mêmes que les miennes. Je fis cadeau à chacun d'une paire de bas de rugby. Ils choisirent les mêmes couleurs, le jaune et le noir du Stade Montois.

Leur rêve était de jouer ensemble, mais ils se sont séparés. Jacques partit faire ses études d'architecture à Toulouse et joua au Toulouse Université-Club (le TUC), qui était une assez bonne équipe. Plus tard, lorsque j'ai habité Hossegor, il venait prendre le café dans le même bar que moi, sans oser me parler. Le déclic s'était produit au mariage de Thomas. Depuis, nous nous rencontrons souvent. Sa femme, professeur de mathématiques à Toulouse, est heureuse de nous avoir comme amis. Son fils s'appelle André, Boniface, et elle ne me connaissait qu'à travers les récits de son mari. Ce fils qui habite Toulouse n'a joué qu'un match de rugby, il s'est fait casser le nez et a arrêté sa carrière. Jacques me fit une autre confidence : son frère aurait souhaité appeler son fils Pierre, Guy, Boniface. Mais il a eu deux filles.

Jacques Hurtevent et Jo Roigt, les pères respectifs des deux « André, Boniface », se voient souvent. Les fils en revanche ne se sont jamais rencontrés.

Ces histoires me plaisent autant qu'elles me surprennent. Parfois, elles me gênent. Pourquoi, quarante ans après la fin de ma carrière et l'accident de mon frère, continuons-nous d'incarner, pour certains, une sorte de mythe ? Je crois que la première raison, c'est cet amour fraternel qui rayonnait et pouvait servir de modèle. Il n'y a pas tant d'amour sur cette terre. L'autre raison, c'est sûrement le sentiment d'un deuil brutal, et paradoxal — c'était un jour de fête —, largement commenté dans les médias de l'époque. En outre, notre style, nos personnalités contrastées avaient nourri un débat difficile à définir qui allait au-delà du rugby pour atteindre l'art de vivre, la morale. Certains m'ont affirmé l'avoir vécu comme l'épilogue de leur propre jeunesse. En tout cas, l'étrange persistance de ce mythe prouve que la passion sportive peut ouvrir à des sentiments profonds et durables.

Parmi d'autres exemples, celui de Michel Bord, pharmacien à Montfort, me traverse l'esprit parce que j'ai souvent l'occasion de le revoir. Il exerçait précédemment dans un village de la Dordogne, Beaumont-du-Périgord, et élevait ses deux fils dans le culte de notre jeu. On les appelait les « petits Boni ». Une opportunité s'étant présentée, il a bondi sur l'occasion et a acheté la pharmacie de Montfort pour se rapprocher de nous. Cette pharmacie a d'ailleurs appartenu à un membre de ma famille. Michel est devenu président de l'US Montfort et ses deux fils, Julien et Éric, ont remporté le challenge de l'Espoir. L'esprit qui nous a animés n'est donc pas mort — et les Bord m'offrent généreusement une victoire sur l'oubli. Au fond, le sentiment de solitude qui m'étreint parfois n'est pas fondé, et notre vie de sportif n'aura pas été vaine puisque pour certains nous restons une référence.

Le Stade Montois avait retrouvé une place convenable dans l'élite du rugby français. On disait : le « Top 16 ». Patrick Nadal, en tant que président, eut l'idée avec son comité de dédier une soirée à

Guy. C'était le repas des « VIP », tel que les clubs en organisent désormais autour de leurs sponsors, après des matches. Ce genre de festivités n'existait pas du temps où nous jouions. De beaux hommages furent rendus à Guy par le maire et Patrick. À la fin du repas, notre ami Pampy Laduche, ancien champion du monde de pelote basque, dont la voix est superbe, se leva et chanta *C'était mon ami, c'était mon copain…* L'émotion fut à son comble. Tout le monde se leva et se tourna vers une immense photo placée au fond du chapiteau. C'était une de nos photos préférées, Guy tenant le ballon du bout des doigts, moi derrière lui. On ne voyait que ma tête, comme un frère siamois. L'image était telle qu'on semblait ne faire qu'un. C'était le symbole de l'amour qui nous unissait jusque sur le terrain. Ce soir-là j'avais Benoît Dauga en face de moi et j'ai vu des larmes couler sur ses joues. Le héros de Durban, l'homme qui n'a jamais eu peur d'un autre homme, avait flanché. Parce qu'il était un ami de Guy, comme tous ceux qui l'ont approché.

Lors d'une soirée-débat autour du livre de Denis Lalanne à Moliets, j'ai rencontré un producteur qui faisait des films sur des événements sportifs du passé. Le livre lui avait plu et notre histoire l'intéressait. Il aimait beaucoup le rugby et avait un goût particulier pour notre jeu. Il entreprit de tourner un film inspiré par *Le Temps des Boni*. Un accord fut signé avec France 2 et France 5, emballés par ce projet. J'ai rencontré le réalisateur, Franck Nicotra, il est venu s'installer à Hossegor et nous avons commencé le tournage. Son esprit sportif me convenait, je me suis confié sans réserve. Nous sommes allés à Montfort et à Mont-de-Marsan où il découvrit l'ambiance d'un match de rugby.

La première projection eut lieu à Saint-Pierre-du-Mont, un village jouxtant Mont-de-Marsan, disposant d'une salle aménagée pour les projections. Je n'avais aucune idée de la teneur du film. Le producteur redoutait ma réaction. Je m'étais exprimé en toute simplicité, en laissant parler mon cœur, en pensant à Guy, uniquement à lui. Il n'y avait rien de superflu. J'ignorais quelles images sortiraient.

J'avais attendu durant de longs mois le moment où allait apparaître la première image. Ce fut un choc, un ébranlement profond ; les images, les paroles, tout me remuait le cœur. Dans un bref discours, j'ai expliqué que les séquences qui m'avaient touché étaient celles où Guy s'exprimait dans des interviews. C'était sa voix, elle semblait le faire revivre. Du physique, on garde les images ;

mais la voix de ceux qui nous ont quittés, on l'a oubliée et il est très difficile de la retrouver. C'est donc le moment où Guy a parlé qui m'a le plus bouleversé. Sa voix était tellement vivante…

Pour réaliser ce film, Franck avait recueilli le témoignage de nombreux amis. Tous furent émouvants, de Christian Darrouy à Benoît Dauga en passant par Jo Maso, Patrick Nadal, Michel Crauste, Pierre Albaladejo, Thomas et Pierre Castaignède, Jean Gachassin, qui fut notre compagnon de jeu idéal, et avec qui je garde de fréquents contacts, Denis Lalanne, Georges Barthomeuf, Brian Hegarty (un Néo-Zélandais). Une phrase me revient en mémoire, celle de Jean Prat : « Les Boni, c'étaient mes amis, André est comme un frère pour moi. »

Quand l'émotion fut retombée, on passa à table. Il y avait Maurice Prat, Jean Prat, Jo Maso, Jean Trillo, François Sangali, Roland Bertanne, Christian Belascain (disparu depuis, hélas), Philippe Sella, Didier Codorniou, Denis Charvet tous anciens internationaux au poste de trois-quarts centre, Michel Crauste, Bernard Laporte, Benoît Dauga, Christian Darrouy, Denis Lalanne, Georges Barthomeuf, Denis Tillinac, des amis de Mont-de-Marsan et d'ailleurs étaient également venus. Encore une soirée mémorable. Dans ma mémoire, elles forment un cortège amical, c'est pourquoi j'ai plaisir à égrener les noms qui me reviennent à l'esprit. Tout en sachant que j'en oublie.

Le film fut programmé sur France 2. Après sa diffusion, j'ai reçu de nombreuses lettres. Des gens qui aimaient le rugby, le sport, mais aussi des mères de famille touchées par cette histoire fraternelle.

Depuis, une sincère amitié est née entre Marc Silvera et moi. Est-ce le hasard ? Il a acheté une maison secondaire à Poyanne, un beau petit village de Chalosse, tout près de Montfort.

En 2002, deux événements ont mis de la joie dans la famille. Le 5 septembre 2002, ma fille Hélène a mis au monde un petit Jean. Le 6 novembre, Sandrine, la femme de mon fils François, donnait la vie à un petit Paul. Une nouvelle carrière s'ouvrait à moi, celle de grand-père.

Les deux cousins sont nés à deux mois d'intervalle. Ils ont quatre ans. Je ne peux m'empêcher de chercher des similitudes. Jean est frisé comme moi. Paul a les cheveux plus raides, comme Guy. On leur a montré nos photos. Ils savent reconnaître le numéro 13 « tonton Guy » et le numéro 12

« papy ». Comme tous les gamins de cet âge, ils jouent au foot, au rugby, au tennis, font du moret sur les petites vagues. Rien ne laisse présumer qu'ils auront un avenir sportif. Rien n'interdit non plus de l'imaginer.

Lorsque j'ai commencé à leur lancer un petit ballon de rugby, je leur ai dit qu'il fallait bien le regarder jusqu'à ce qu'il soit dans leurs mains. Maintenant, lorsque je joue avec eux, ils n'oublient pas de me dire : « Tu sais, papy, il faut bien regarder le ballon. » La leçon a été comprise. Je ne puis m'empêcher de penser à Guy lorsque je suis avec eux. Encore et toujours ce mélange de bonheur et de tristesse...

En juin 2005, un coup de téléphone m'informait qu'un collègue de mon interlocuteur allait prendre sa retraite après trente ans de service. On m'invitait au pot de départ. J'ai accepté et je me suis retrouvé à Biarritz, dans une demeure transformée en maison de vacances. Parmi les cadeaux, un énorme carton était ouvert. Je devais y entrer et m'y laisser enfermer. Je me suis prêté de bonne grâce à ce jeu. Le paquet était bien présenté, avec des rubans et des nœuds dorés. Le futur retraité était né à Campet-Lamolère, un village situé à une dizaine de kilomètres de Mont-de-Marsan. J'ignorais cela. Il avait donc passé sa jeunesse pas très loin de nous.

Il est monté sur la scène où étaient alignés les cadeaux. Le directeur, le personnel et leur famille, tout le monde se trouvait dans la salle de réception. On lui a remis les cadeaux, les uns après les autres. Restait le plus imposant. Avant de l'ouvrir, quelqu'un lui posa des questions sur sa vie, sa jeunesse, orientant la discussion vers le rugby. Il raconta qu'il avait été marqué par la belle époque du Stade Montois et qu'il était un fan des « frères Boniface ». Il regrettait de ne pas nous avoir parlé. J'écoutais. J'étais à deux mètres de lui. Il parlait de nous, il égrenait ses souvenirs de jeunesse, c'était étrange. Aux questions ciblées sur notre carrière, il répondait avec autant de justesse que de nostalgie. Enfin vint le moment où on lui offrit le dernier cadeau. Il l'ouvrit avec fébrilité et, lorsque je me suis trouvé debout devant lui, son premier réflexe fut de me serrer dans ses bras et de m'embrasser. Jamais il n'aurait pensé qu'un jour je serais là, près de lui. Il fut gêné d'avoir eu ce réflexe ; moi j'étais ému de voir cet homme attendri au point de ne pouvoir retenir quelques larmes. Il allait repartir, pour vivre sa retraite du côté de Mont-de-Marsan, et raconter à ses anciens compagnons de jeunesse cette dernière rencontre.

Au mois de mai 2006, nouvel appel téléphonique d'un inconnu de Saint-Jean-Pied-de-Port, dans le Pays basque. On doit fêter l'anniversaire de son frère et il pense que ce serait un beau cadeau si je le rencontrais. Les parents avaient habité durant plusieurs années à Mont-de-Marsan.

J'ai à nouveau accepté. On fêtait cet anniversaire dans un restaurant d'Hossegor et il fut entendu avec eux que j'y passerais au dessert. L'intéressé fut surpris de me voir, sans penser une seconde que je venais pour lui. À sa droite, une chaise était inoccupée. J'ai fait le tour de la table pour saluer les invités et j'ai terminé par lui. Bon anniversaire ! Il se demandait comment je pouvais être informé. Les moments d'émotion passés, ses frères lui demandèrent s'il était heureux de me rencontrer. Il s'enhardit et m'expliqua qu'il avait suivi notre carrière avec un intérêt passionné, et réalisé un album contenant des articles et des photos de Guy et de moi. Il regrettait de ne pouvoir me le montrer. Son frère sortit alors de sous la table l'œuvre qui contenait des documents étonnants sur plus de dix années de notre parcours au Stade Montois et en équipe de France. Il était heureux que je puisse voir cet album. Il me parla de Guy qu'il aimait beaucoup sans l'avoir connu.

Il m'avait écrit lors de l'accident ; je lui avais répondu quelques jours après. Il regrettait encore de ne pas pouvoir me prouver ce qu'il me racontait, mais son autre frère sortit la lettre de sa poche. Il me raconta tout ce qu'il croyait savoir des frères Boniface. Ses propres frères et lui avaient joué au rugby dans un club de série inférieure, en s'inspirant de notre style de jeu.

Cette fidélité me réconforte en me prouvant que le temps n'efface pas tout et que nous avons eu raison de tendre vers un idéal en respectant toujours la même ligne de conduite.

36

La nostalgie et l'espérance

J'ai déjà dit combien mes liens d'amitié avec Jean Prat étaient forts. Depuis plusieurs mois il luttait contre un mal implacable, avec son courage légendaire, sa rudesse de montagnard. Il livrait un match, le dernier, mais, cette fois, il n'en sortirait pas vainqueur.

Durant l'été 2004, nous fêtions ses quatre-vingt-un ans à Saint-Geours-de-Marenne, chez Jean Glavany, avec le noyau dur de ses amis. Moi qui passais pour une grande gueule, je ne suis pas un bon orateur. Je me suis levé et avec mes « mots à moi », j'ai laissé parler mon cœur. Je lui dis que je l'avais choisi comme deuxième père et deuxième frère à la fois, pourquoi je l'aimais, pourquoi on l'aimait. Un de mes petits-fils s'appelle Jean, il lui a envoyé son premier cadeau.

Quelques mois plus tard, sans avoir voulu que l'on tente une dernière opération, il nous quittait. J'avais perdu un être qui m'apportait beaucoup. Le 25 février 2005 eurent lieu ses obsèques. Il avait choisi quelques mois plus tôt un endroit superbe dans la montagne, près du lac des Gloriettes où il voulait que l'on disperse ses cendres : « C'est là, me disait-il. John était un homme de la montagne, il y est revenu pour l'éternité. »

Sa disparition m'a rapproché de son frère Maurice, qui vivait retiré du monde depuis des années. Il avait éloigné le rugby de sa vie, mais la fibre vibrait encore. Il s'est abonné aux chaînes sportives de télévision et après chaque match nous échangeons nos vues comme je le faisais avec John. Leur FC lourdais avait été mon modèle. Nos jugements se rejoignent, mais restent confidentiels. Maurice a retrouvé le goût du jeu, je suis heureux d'avoir contribué à le lui redonner.

Au début de l'été 2003, Colette Besson inaugura à Mont-de-Marsan la piste d'athlétisme du stade Guy-Boniface. Jean-Paul, son mari, l'accompagnait. C'est un ancien joueur de rugby dont le père était de Villeneuve-de-Marsan, pays de Robert Carrère (international), de Roumat (international), et de Darroze, le père d'Hélène, qui avait joué au Stade Montois avec nous. Jean-Paul était heureux d'être là ; il avait vécu sa jeunesse dans le culte du jeu à la montoise.

Colette était superbe, elle faisait l'admiration de tous. On pouvait la croire encore capable de faire un beau tour de piste. Son discours exprima sa joie d'inaugurer cette piste dans le stade de Guy qu'elle n'avait pas connu, son accident ayant eu lieu neuf mois avant qu'elle ne devienne championne olympique à Mexico, l'été 1968. Mais elle était mon amie.

J'ai retenu une phrase importante dans son discours : « Je terminerai par un vœu personnel. Quand on me demande quelle est la plus belle chose que le sport m'a apportée, je réponds sans hésiter : la santé. Quand on voit certaines dérives dans le sport d'aujourd'hui, je souhaite que tous les sportifs, trente-cinq ans après leur carrière, puissent faire la même réponse. » Le sport, on le sait, a beaucoup évolué depuis l'époque où j'ai chaussé mes premiers crampons. Je veux croire que les vrais sportifs continueront de pratiquer sainement, sans dopage, sans tricheries, avec leurs qualités propres, sans dénaturer leur anatomie. Je veux le croire parce que je suis toujours aussi passionné, mais j'avoue mon inquiétude : les sportifs de haut niveau s'appartiennent de moins en moins. Même les rugbymen. Le rugby étant devenu professionnel, ils sont tenaillés entre les dirigeants, les entraîneurs, les sponsors et les agents qui sont en quelque sorte des marchands de chair humaine. Je ne mets pas les joueurs en cause, le système les prive de liberté. Nous aurions été incapables d'évaluer notre valeur marchande, même si nous avions eu des agents. Les prix auraient monté, les joueurs seraient vite devenus comme aujourd'hui des mercenaires itinérants. J'ai le plus grand mal à imaginer ma propre carrière dans un tel univers. Je ne juge personne, je pense seulement que le sport est à un moment charnière de son histoire, et ça me fait peur.

Nous sommes revenus à Hossegor, Colette et son mari ont passé deux jours avec nous, ce qui nous a permis de faire un parcours de golf à Moliets, dans un endroit superbe au milieu de la forêt landaise et en bordure de l'océan. Colette qui jouait depuis peu était très douée.

Avant qu'ils ne nous quittent Jean-Paul m'avait confié qu'il était inquiet : Colette devait approfondir les examens médicaux qu'elle venait de passer la semaine précédente.

Quelques jours plus tard il me téléphona pour m'annoncer une très mauvaise nouvelle. Colette souffrait d'un mal incurable et très avancé. Sa vie ne tenait qu'à un fil. Pour nous qui venions de la voir resplendissante, cela semblait irréel. On se rencontra souvent, elle se battait avec une volonté farouche. Jean-Paul vivait à ses côtés des moments difficiles, en lui apportant un soutien formidable. Nous avons rejoué au golf. Elle essayait d'être plus forte que le mal, mais la lutte était inégale. La médecine s'était prononcée pour six mois de vie. Avec un courage inouï, elle s'est battue pendant deux ans et décéda le 9 août 2005. Ses obsèques eurent lieu à La Rochelle. Lorsque son cercueil sortit de l'église, des milliers de personnes applaudirent chaleureusement leur championne. Ce fut sa dernière haie d'honneur.

Enfin, pas tout à fait. Le maire de Mont-de-Marsan souhaita donner le nom de Colette Besson à la piste qu'elle avait inaugurée. Je l'ai approuvé avec enthousiasme, ayant pour Colette une énorme affection. On arrêta une date, qui coïncida avec les championnats régionaux d'athlétisme. Jean-Paul fut ravi et le 25 juin 2006 une magnifique plaque fut dévoilée. Elle se trouve contre la tribune d'honneur, à quelques mètres de la statue de Guy. L'image de Colette est superbe, c'est celle qui a fait le tour du monde : son arrivée victorieuse à Mexico. Elle portait le dossard 117.

Elle était devenue ce jour-là « la petite fiancée de tous les Français ».

Le député-maire fit un discours. Celui de Jean-Paul associa Colette à Guy dans ce stade qui porte son nom. Benoît Dauga et Christian Darrouy étaient venus partager ces instants, précieux pour Jean-Paul. J'étais d'autant plus heureux que nos carrières ont présenté des similitudes. Les démêlés de Colette avec sa fédération n'étaient pas sans rappeler les nôtres vis-à-vis des « gros pardessus » de la Fédération française de rugby.

Cliff Morgan est un ancien demi d'ouverture gallois, contre qui j'avais joué au début de ma carrière. Par la suite il a dirigé la chaîne sportive de la BBC. Je ne l'avais jamais revu. Il m'a écrit, au cours de l'automne 2005, pour m'annoncer que j'allais être intronisé dans le « Hall of Fame ». En français : le Panthéon de la gloire. Je ne pouvais pas être insensible à cet honneur exceptionnel, sachant que cinq Français seulement ont été admis dans le fameux « Hall of Fame » (Jean Prat, Jo Maso, Philippe Sella, Jean-Pierre Rives, Serge Blanco). On y retrouve les noms les plus prestigieux du monde rugbystique, depuis le Gallois

JPR Williams ou le All Black Colin Meads jusqu'à l'Australien Campésé.

Nous étions dix nouveaux intronisés :

— Fred Allen (arrière All Black) ;

— Phil Bennet (demi d'ouverture, gallois) ;

— Naas Botha (demi d'ouverture, Afrique du Sud) ;

— John Eales (deuxième ligne, Australie) ;

— Grant Fox (demi d'ouverture, All Black) ;

— Martin Johnson (deuxième ligne, anglais) ;

— Ian Macgeechan (demi d'ouverture, écossais) ;

— François Piennar (troisième ligne, Afrique du Sud) ;

— Keith Wood (talonneur, irlandais) ;

— André Boniface (centre, français).

Je suis passé au cimetière de Montfort avant de partir à Londres, accompagné d'Anny qui était invitée. C'était la première fois et les organisateurs ont poussé la délicatesse jusqu'à lui procurer une interprète.

Chacun de nous avait un parrain. Mike Gibson, l'ancien centre irlandais, était le mien. Jo Maso et Philippe Sella, déjà membre du « Hall of Fame », sont venus partager cette soirée avec moi. J'ai été très sensible à leur présence.

Je fus soumis à une séance d'autographes sur une plaquette *International Rugby Hall of Fame*, où chaque intronisé avait une page réservée avec une photo significative de son style de jeu et un texte retraçant sa carrière. La biographie mentionnait Guy : les Britanniques ne l'ont pas oublié.

La soirée de gala, dans un hôtel de Chiswell Street, m'a impressionné par le respect presque religieux que les Britanniques vouent au sport. Dans ces pays, le sportif n'est pas une star du muscle fabriquée par les médias, puis remplacée par une autre star et renvoyée au néant. C'est une personnalité reconnue comme telle, même si ses exploits ne sont pas récents.

À la fin du dîner, chacun des dix nouveaux intronisés monte sur une scène où l'attend son parrain. Mike Gibson a débuté contre moi à Colombes, il y a plus d'un demi-siècle. Avec humour, il a dit son plaisir de se retrouver à mes côtés car, ce jour-là, il avait pu tout juste m'apercevoir. Hommage sympathique à ma pointe de vitesse.

Un film a été projeté, résumant la carrière des nominés. J'ai retrouvé Guy dans toutes ces phases de jeu, il était pour moitié dans l'hommage qu'on me rendait. Guy qu'un chroniqueur anglais avait qualifié de « joyeux cavalier ».

D'habitude je n'aime pas beaucoup les solennités. Mais on sentait chez les invités un recueillement qui prouve la place éminente du sport dans l'éducation britannique.

Si j'avais été élevé en Angleterre, j'aurais terminé mes études. En France, il a toujours été admis tacitement qu'un sportif de haut niveau n'a pas besoin de faire des études. Au sortir de l'adolescence, alors que les facultés intellectuelles commencent à s'épanouir, j'étais déjà international juniors et, sans m'en rendre compte, j'ai été victime de ce préjugé. C'est tellement plus facile et tentant, à seize ans, de choisir le sport… et l'aura éventuelle qu'il procure. J'avoue regretter de n'avoir jamais été étudiant. J'ai évoqué mon seul contact avec un dirigeant susceptible de m'orienter vers des études supérieures, ce professeur de faculté qui m'avait suggéré de passer le bac et de monter à Paris. J'aurais joué au PUC et, peut-être, obtenu des diplômes…

Dès mon retour de Londres, je suis allé à Montfort. Inutile d'expliquer pourquoi. Un sentiment me surprenait : je suis landais, Montfort-en-Chalosse est ma patrie. Mais j'ai consacré ma vie à un jeu, qui est plus qu'un jeu — et c'est à Londres que le rugby a ses vraies racines. Une partie de moi-même est britannique.

Le rugby est toujours dans ma vie. Dans mon cœur, juste après ma famille. Je suis toujours aussi passionné, c'est ma nature, mais l'objet de ma passion me semble menacé par l'évolution. Le passage brutal au professionnalisme a tout bouleversé. Je n'avais pas imaginé qu'il puisse se produire — et surtout pas à l'initiative des Anglais qui pendant un siècle ont été les gardiens sourcilleux de l'amateurisme. Depuis, un ressort s'est cassé, je ressens un malaise.

Le rugby, en France, était et est encore un sport de villages et de villes moyennes telles que Mont-de-Marsan. J'ai peur que ses valeurs fondamentales disparaissent. L'amitié, la solidarité, l'esprit d'équipe ne sont plus ce qu'ils étaient.

J'ai peur que l'argent dénature ce jeu. La lutte des chaînes pour l'achat des droits de retransmissions me choque. Le plus riche, qui enlèvera fatalement le marché, sera-t-il le plus apte à véhiculer ces valeurs ? Rien n'est moins sûr.

Je vais toujours voir des matches, mais avec moins d'enthousiasme car l'esprit de clocher, l'amour du club tentent à disparaître, du moins au niveau le plus élevé. Le joueur vient des antipodes. Il est recruté par Castres. L'année suivante il sera à Bourgoin ou ailleurs, avec des équipiers qui ne parlent pas la même langue. Que deviendra-t-il à la fin de sa carrière ?

Je suis également choqué par le fait que les clubs se croient obligés de prendre des entraîneurs étrangers. On peut trouver en France des gens capables d'exercer ces fonctions et surtout de perpétuer le jeu qui nous est propre. La manie de copier l'hémisphère Sud est absurde. Ils ont leurs qualités et surtout leurs défauts, laissons-les vivre avec.

Il y a certes de plus en plus de spectateurs dans les stades du Top 14, c'est la conséquence de la médiatisation. Mais dans les autres stades ? Je n'ai aucune nostalgie de mon époque, car je n'ai aucun regret. Le bonheur que m'a procuré le rugby est immense, c'est pourquoi j'ai éprouvé le besoin d'égrener mes souvenirs. Pour les partager avec d'autres, comme j'ai partagé avec mon frère, mes amis, mes anciens coéquipiers ou adversaires. L'essentiel est d'avoir pris le plus de plaisir possible et d'avoir pu exploiter toutes mes possibilités. Je n'ai pas honte de ce que j'ai réalisé sur les terrains, au contraire. Aucun regret, donc.

On me dit souvent que si je jouais aujourd'hui, je toucherais beaucoup d'argent. C'est vrai. Je ne serais pas obligé de continuer à travailler à l'âge de soixante-douze ans. Heureusement, mon employeur est bienveillant, compréhensif, et mon métier de public relations me permet de rencontrer des gens qui pour la plupart connaissent le rugby « ancien ». Ils sont contents de pouvoir l'évoquer avec moi.

Les règles ont changé. Certaines auraient avantagé notre jeu : la ligne de défense sur touche à dix mètres ; les troisièmes lignes liées à leur mêlée jusqu'à la sortie du ballon ; l'interdiction de taper directement en touche hors des vingt-deux mètres. On imagine les possibilités de relance sur ces ballons expédiés cinquante mètres en avant, à l'intérieur du terrain. Ces règles sont faites pour avantager le jeu d'attaque ; encore faut-il en avoir l'esprit. Les enjeux financiers s'y opposent.

Je supprimerais l'interdiction d'écrouler un maul. C'est un acte défensif comme un plaquage ; d'autant que la plupart de ces mauls avancent d'une manière désordonnée, chacun tirant son coéquipier sans vraie cohésion collective. Je souhaiterais aussi que le joueur plaqué avec le ballon, faute grave dans la conception du jeu collectif, lâche le ballon instantanément, de sorte que le plaqueur puisse s'en saisir. Il tirerait logiquement profit de son plaquage et de la faute de l'adversaire. Ainsi, les joueurs passeraient le ballon avant d'être plaqués, on verrait beaucoup plus de jeu déployé et beaucoup moins d'essais manqués à deux contre un, quelquefois à trois contre un. Rien ne m'agace davantage que ces fautes-là. J'entends dire aussi que, face aux « monstres » d'aujourd'hui, les amateurs que nous étions seraient balayés. Peut-être. Mais je courais tout de même le cent mètres en moins de onze secondes et Christian Darrouy confirmera qu'à deux contre un, nous n'avons pas manqué beaucoup d'essais.

Le coaching dénature la logique d'un match avec cette possibilité de remplacer sept joueurs. Lorsqu'une première ligne est usée par la puissance ou l'habilité de sa rivale, on la change pour faire rentrer des joueurs frais. C'est choquant. Lorsqu'un troisième ligne qui est monté des dizaines de fois en défense est au bout du rouleau, on lâche un remplaçant qui piaffe sur la touche, ce qui annihile le travail d'une équipe ayant épuisé sa rivale, tant au niveau des avants qu'à celui des courses des trois-quarts. Les deux équipes ont certes les mêmes droits, mais la richesse en hommes n'est pas la même selon les finances du club. Trop souvent les équipes dotées du meilleur banc s'en sortent en fin de match. Il est pourtant évident que lorsqu'on court un quinze cents mètres, les deux cents derniers mètres sont les plus difficiles. En rugby, les vingt dernières minutes décident presque toujours du sort d'un match. C'est une forme d'injustice. En outre, le coaching est frustrant pour les joueurs de haut niveau qui, tout en étant en pleine forme, jouent quelques minutes, un match sur deux ou sur trois. On gâche leur jeunesse.

On peut concevoir le remplacement de deux joueurs sur blessures constatées par un médecin neutre. Les règles du jeu « de mon temps » étaient trop dures, on ne pouvait pas remplacer un blessé et il arrivait qu'une équipe finisse un match à treize. Je ne suis donc pas hostile par principe aux changements, si l'esprit du jeu de rugby n'est pas menacé. J'ajouterais : l'esprit du sport, en repensant à la mise en garde de Colette Besson.

Parfois, je vais me ressourcer en allant soutenir mon équipe de Montfort-en-Chalosse. J'y retrouve mes vieux coéquipiers minimes, « vainqueurs à Dax » au milieu du siècle dernier. J'y retrouve aussi un esprit amateur, il me laisse espérer que le rugby continuera de vivre avec les mœurs que j'ai connues. Ces clubs qu'on dit à tort « petits », encadrés par des dirigeants bénévoles, sont l'honneur de notre rugby. On y rencontre des personnalités exemplaires, à l'image de Freddy Labarthe, le capitaine de l'US Montfort.

Ce garçon possède une ferme modèle qu'il exploite en famille. Il lui arrive fréquemment d'apporter du pâté, du saucisson, du jambon, pour improviser un repas entre joueurs après l'entraînement. C'est un excellent joueur, il n'a que vingt-six ans, il aurait pu signer à Dax ou à Mont-de-Marsan. Il a préféré se consacrer à son travail et à son club, c'est tout à son honneur. Il existe beaucoup de Freddy Labarthe dans les clubs de nos campagnes et de nos petites villes et ce sont eux qui pérennisent l'esprit du rugby français.

Récemment, l'équipe de Montfort a remporté le challenge de l'Espoir devant une équipe de demi-mercenaires de la région toulousaine. J'ai assisté à cette finale et la victoire de mon club m'a rempli de joie, elle avait une valeur symbolique.

Mes deux petits-fils, Jean et Paul, vont avoir quatre ans. Je souhaite qu'ils soient des « Cœurs Vaillants ». L'association a sûrement disparu, mais c'est l'esprit qui importe, les valeurs de base que m'ont inculquées mes parents.

Je souhaite qu'ils puissent, comme nous, poser leur cartable sur une place publique pour y jouer jusqu'à la nuit. Pas forcément au rugby. Jouer, tout simplement. S'ils choisissent le rugby, je ne les en dissuaderai pas, même si celui qu'on voit à la télévision ressemble de moins en moins à celui que j'ai pratiqué.

Ces deux petits me comblent, j'essaye d'être un bon grand-père. Bientôt je les emmènerai à Montfort, pour qu'ils connaissent le décor de la jeunesse de « papy » — un modeste village des Landes, le plus beau à mes yeux.

Une image me redonne confiance. Celle de Tiger Woods, le sportif le plus adulé de la planète, et celui qui gagne le plus d'argent. Après sa victoire dans l'Open américain, il est tombé en larmes dans les bras de son caddie. Quelques jours plus tôt, son père était décédé des suites d'une maladie. Qu'ils soient milliardaires ou aussi peu argentés que moi, les sportifs ont du cœur, et sont capables d'amour. Il ne faut désespérer de rien — et c'est avec une passion enfantine, la passion d'un petit « Cœur Vaillant » de Montfort, que j'attends la future Coupe du Monde de rugby. Pour la première fois, elle se déroulera en France. Et comme tous les Français, de Montfort et d'ailleurs, je serai un supporter enthousiaste de l'équipe de France. Je souhaite qu'elle soit championne du monde. Je souhaite qu'elle le soit en jouant « à la française ».

Un rêve revient souvent, hante mes nuits et il me trouble énormément. Je suis avec Guy dans le petit vestiaire du stade de Montfort. On se prépare, on se concentre. On attend le moment où notre amour fraternel va pouvoir s'exprimer. Nous sommes prêts, l'heure du match approche et nous ne pouvons jamais trouver la porte pour sortir sur le terrain.

C'est un rêve cruel, comme la vie peut l'être. Heureusement, nous avons toujours trouvé la porte du bonheur fabuleux que nous avons eu par la grâce du rugby.

Hossegor, 2005-2006.

CET OUVRAGE A ÉTÉ ACHEVÉ D'IMPRIMER
SUR ROTO-PAGE PAR L'IMPRIMERIE FLOCH
À MAYENNE EN NOVEMBRE 2006, POUR LE
COMPTE DES ÉDITIONS DE LA TABLE RONDE.

Dépôt légal : novembre 2006.
N° d'édition : 149290.
N° d'impression : 67028.

Imprimé en France.

R1